Thomas Schmiester

Liebe stirbt im Treuewahn

Mauer Verlag
Wilfried Kriese
72108 Rottenburg a/N
Buchgestaltung: Wilfried Kriese
Titelbild: fotolia.com Dirk Vaartjes
2014
ISBN 978-3-86812-333-3

www.mauerverlag.de

Inhalt

Liebe stirbt im Treuewahn

Es ist mit Sicherheit das Allerschönste, wenn man mit dem Menschen, den man liebt, für immer zusammen sein darf und sich beide für diese „Ewigkeit“ treu bleiben. „Liebe stirbt im Treuewahn“ scheint somit auf dem ersten Blick ein Widerspruch zu sein und müsste eigentlich heißen: „Liebe lebt in Treue“. Aber der Titel ist bewusst so gewählt, wie er da steht – mit der Überzeugung, dass es sich genauso verhält. Denn im „wahren Leben“ halten eben die meisten Beziehungen nicht ewig, und Menschen sind sich nicht ewig treu. Und wenn es zu einer Trennung kommt, dann ist der Schmerz für denjenigen oder diejenige, der oder die diese Trennung nicht wollte, unendlich grausam. Und wenn es vorher noch „ewig vereint“ geheißen hatte, heißt es ab jetzt **für immer und ewig** „nie mehr vereint“. In Worten: N I E M E H R !
Es sei denn, man sieht im Vorfeld „Treue“ als einen „unrealisierbaren Wahn“ an und erfindet Beziehungen völlig neu. Frei nach dem Motto: Ewig verbunden – aber eben nicht ewig treu, weil es höchst wahrscheinlich nicht funktionieren wird.

Jetzt bin ich quasi schon mitten im Thema, aber ich möchte Sie im Vorfeld mit einer, nun ja, sagen wir `mal, witzig gestalteten Einführung für das so wichtige Thema sensibilisieren:

Eine harmlose Einleitung:

Die beste Voraussetzung einen Menschen hassen zu lernen, erreicht man, indem man sich vorher in diesen Menschen verliebt und eine dauerhaft feste und ausschließliche Beziehung mit ihm wünscht. Zweite Voraussetzung ist: Es handelt sich rein zufällig nicht um eine Märchenprinz / -prinzessin – Beziehung: Sehen – verlieben – einige Probleme, die sich zwischen die Beziehung stellen, umhauen, heiraten und ewig bis zum Lebensende glücklich zu zweit sein.

In allen übrigen Beziehungen, die wahrscheinlich nur noch 0,01 % ausmachen und Sie sich fragen: „ Warum habe ausgerechnet ich diese Beziehung erwischt“ wird sich höchst wahrscheinlich früher oder später eine dritte Person mischen. Nur um Sie zu ärgern, oder haben etwa Sie diese dritte Person ins Spiel gebracht!? Wie dem auch sei, es werden auf jeden Fall einerseits Schuldgefühle und andererseits Angst vor dem Verlassenenwerden, kurz: sehr unangenehme Gefühle, derart auf Hochtouren kommen, dass am Ende Hass übrig bleiben wird. Mit etwas Glück könnte sich das negative Gefühl auf lebenslange Verachtung beschränken.

Und glauben Sie mir, die dritte Person wird kommen; sie können heiraten, Kinderkriegen (1, 2,3 - Scheidungskinder), den Partner / die Partnerin einsperren, ständig kontrollieren, durch den besten Detektiv der Stadt unter Dauerbeschattung stellen, ausschließlich dieselben Freunde oder doch lieber unterschiedliche Freundeskreise haben, stets die gleichen Hobbies (gähn, schon wieder Fußball gucken) oder möglichst unterschiedliche Interessen haben (geh’ Du ruhig zum Tanzen) – am Ende klingelt es an der Tür und – verdammt, wie gut kann denn der Staubsaugervertreter aussehen, „ach, könnten sie noch im Schlafzimmer staubsaugen, aber langsam und gründlich!?“ Während der Partner im Zug auf dem

Weg zur Arbeit einfach nicht weiß, wie er seine gierenden Blicke von der blonden Fahrkartenkontrolleurin lassen kann. “Ich gebe Ihnen alles, was Sie wollen, ach, meine Fahrkarte!? Ja, wo habe ich sie denn bloß…“ Das Böse ist immer und überall.

Nun gut, wenn es soweit ist, könnte man ja immer noch eine von den Personen (egal welche) erschießen, finanziell ausbluten lassen, Spott und Hohn aussetzen und / oder andere verschiedene fantasievolle Dinge tun. Man könnte die ganze Welt scheiße finden und alles kurz und klein schlagen, man könnte in eine endlos tiefen Depression fallen – halt so was, was so etwa alle in dieser Situation, mehr oder weniger ausgeprägt, machen würden.

Sollte man dies aber nicht tun wollen, benötigt man sinnvolle Alternativen. Ach ja, das trifft sich gut, haben Sie doch gerade ein entsprechendes Buch in der Hand.

Natürlich können Sie weiterhin sagen, alles Blödsinn – ich warte auf meinen Traumprinzen / -prinzessin oder wenn die rosarote Brille nicht gerade griffbereit ist – wenn die Beziehung Probleme macht, nehme ich eins von den oben genannten Instrumenten (Axt, Gewehr, Topanwalt, selbst den Strick oder Freiflug von der zwanzigsten Etage auf lecker Asphalt). Oder Sie probieren einfach mal die, in diesem Buch beschriebene Methode aus, oder denken sich selbst eine sinnvolle Beziehungsalternative aus oder, wenn alles scheitern sollte, bleiben letztendlich lieber allein.

Oder leben doch das so normale Leben (gähn): Liebe – Hass – Liebe – Hass – usw., Sie wissen schon – und nach dem Tod erscheint Ihnen im verheißungsvollen Licht ein Engel, der Ihnen zuflüstert: „Hey, ich bin Dein Seelenpartner“. Und sie lächeln leicht und sagen sich noch völlig erschöpft, aber irgendwie glücklich: „Endlich“. Und gemeinsam durchschreiten Sie das Himmelstor. Und am Tor steht – verdammt noch mal, können Engel denn so schön sein – jau, richtig, der perfekte Engel. Und entweder Sie oder Ihr gerade noch als „Seelenpartner“ vorgestellte Seelenpartner, schnappt sich diesen wunderbaren Engel und spielt mit ihm – sagen wir mal – Harfe. Das Böse ist immer und überall. Halleluja.

Und die Moral der Geschicht: Glauben Sie mir nicht, besorgen Sie mir lieber meine Märchenprinzessin!!!

Nun, sind Sie für das Thema bereit, oder brauchen Sie vorab noch die Einleitung der harten Worte?

Eine gnadenlose Einleitung:

In dieser Einleitung stelle ich Ihnen die Grundfaktoren vor, die uns Menschen (oder konkreter gesagt: uns Egos) beeinflussen. Nur, wenn wir tatsächlich genau hinschauen, sieht alles nicht mehr lustig, romantisch schon gar nicht, sondern tatsächlich brutal aus:

Der Mensch: Bestimmt durch eine Vielzahl unterschiedlicher Hormone, die Einflüsse auf sein Handeln haben. Beherrscht von Bedürfnissen, tief eingewurzelten Reaktionsmustern und unbewussten Verhaltenstechniken. Ein Wesen, welches auf sich allein gestellt ist, aber doch auf die Kommunikation mit anderen Menschen und seiner Umwelt angewiesen ist.

Die Welt: Eine sich im ständigen Fluss befindliche Umgebung, nichts bleibt, wie es war – alles ist im Begriff des stetigen Wandels.

Das Leben: Allgemein betrachtet von lediglich zwei Urinstinkten bestimmt: Fressen und fortpflanzen! Das menschliche Leben ist zudem durchzogen mit einer Unzahl an Verpflichtungen, allein schon für das tägliche Überleben. Immer mit der Gewissheit (latent oder bewusst), dass die Tage auf Erden gezählt sind. Alles was lebt, ist bereits im Begriff zu sterben.

Die Beziehung zum Anderen: In der Not, auf Kommunikation angewiesen zu sein, sich immer wieder an die Mitmenschen anzupassen, zu dominieren (wenn möglich), sich zu unterwerfen (wenn nötig). Strategien zu entwickeln, um eine menschliche Beziehung zu halten, zu gestalten, zu beeinflussen, bestenfalls zu lenken.

Die Liebe: Eine gigantische Energie, die durch uns fließt, aber nicht von uns ist. Derart mächtig, dass sie Verbindungen zwischen zwei Menschen knüpft (nein, das falsche Wort) – quasi einbrennt, die vom Mensch aus eigener Kraft nicht mehr gelöst werden kann. Wunderschön, aber unberechenbar (sie ist auch durchaus in der Lage, mehr als zwei Menschen zu treffen) – und auch unendlich grausam (sie kann von jetzt auf gleich wieder erlischen und sehr oft nur bei einem Menschen, während es den anderen noch voll in ihrem Bann haben kann).

Der Tod: Die kompromisslose Macht. Sie trennt endgültig den Menschen vom Leben. Völlig unbeeindruckt, ob er mit anderen Menschen in Liebe stand oder nicht. Den scheinbar Guten und den scheinbar Schlechten gleichermaßen. Manchmal völlig unerwartet, manchmal den Menschen lange leidend lassen – aber garantiert immer – ohne Ausnahme.

Das Ego: Das eigentliche Ich im Menschen. Es lebt in dem von Hormonen geprägten Menschen, in der sich ständig wandelnden Welt, lebt das Leben, bespickt mit endlosen Verpflichtungen, konfrontiert mit dem lebensnotwendigen Bedürfnis nach Beziehungen, unter den Einfluss, jederzeit von der Liebe durchströmt zu werden und die Kontrolle zu verlieren – und mit der Gewissheit, jeden Moment, von jetzt auf gleich, nicht mehr seiend zu sein.
Und was erzeugt dies alles im Ego, im Ich Bewusstsein eines Menschen: A N G S T – Angst, Angst und noch einmal Angst!!!

Und was bewirkt unendliche Angst? Ein starkes Bedürfnis nach Kontrolle, nach Sicherheit! Kontrolle und Sicherheit für das eigene Leben, Kontrolle und Sicherheit bezogen auf die Beziehungen mit anderen Menschen und vor allen Dingen – Kontrolle und Sicherheit bezogen auf den Menschen, mit dem man durch diese unbegreifliche Energie namens Liebe so tief verbunden ist! Dieser Mensch, mit dem man so tief verbunden ist – sein eigenes Fühlen, Tun und Handeln so sehr auf ihn ausgerichtet ist, die Verbindung, die man nicht imstande ist, selbständig wieder zu lösen – bedarf der ganz besonderen Kontrolle, für die eigene Sicherheit, für das eigene „Sich wohl fühlen“. Kontrolle über einen Menschen, der den oben genannten gigantischen Einflüssen selbst ausgeliefert ist – für uns darf er nicht mehr beeinflussbar sein – er muss statisch, berechenbar und eben kontrollierbar sein!

Der Starke kontrolliert notfalls mit Stärke, wenn es sein muss, beugt er den anderen, mit Verhaltensvorgaben, notfalls mit Schlägen oder Herabwürdigungen.

Der Schwache kontrolliert mit seiner Hilflosigkeit, wenn es sein muss, beugt er den anderen mit seiner Traurigkeit, erdrückt den anderen mit einem schlechten Gewissen.

Der Verdrängende kontrolliert mit seiner Ignoranz, wenn es sein muss, beugt er den anderen, in dem er so tut, als ob alles in Ordnung sei und wenn nichts in Ordnung ist, nötigt er den anderen, Änderungen im Geheimen vorzunehmen und wird selbst Änderungen im Geheimen vornehmen.

Der all zu Realistische kontrolliert, indem er in Zeiten des Höchstgefühls alles beendet, bevor es der andere tut.

Letztendlich entscheidet die Angst, wenn die Kontrolle außer Kontrolle gerät, entweder – oder. Entweder ich kriege alles wieder unter Kontrolle oder ich beende die Beziehung. Und der Andere denkt genau so. Eine zeitlang geht alles gut – dann ereilt uns das ODER. Wir spielen TOD – wenn die Beziehung nicht mehr ist, wie sie für uns sein sollte – dann lehnen wir diese Beziehung komplett ab. Dann ist diese Beziehung für uns tot.

Der TOD, die so sehr gefürchtete, erbarmungslose und kompromisslose Macht - und wir Menschen, die wir mit so vielen Überlegungen, Ideen und Kompromissmöglichkeiten tausend andere Möglichkeiten zur Wahl hätten – reagieren mit dem naiven Instrument „sein oder nicht sein" – handeln aus purer Angst ohne zu überlegen, ob es auch noch Möglichkeiten für ein „sowohl als auch" geben könnte – und vertiefen dadurch unsere Angst – und die Angst führt uns immer schneller zu „Entweder – oder" Entscheidungen – ein Teufelskreislauf, nein eher eine Teufelsspirale, die uns immer tiefer in den Todessumpf führt …

Ende der gnadenlosen Einleitung …ja, und dieses Buch soll Hilfe geben, um endlich sagen zu können: S T O P!!!! Ich will nicht mehr von Angst, Kontrolle und Tod beherrscht werden! Ich möchte mich selbst aus meinem Käfig der Angst befreien, die Kontrolle aufgeben und die Zeit der Liebe genießen – und wenn es den Tod schon geben muss, nicht noch selbst, wie der Tod entscheiden!

Versuchen Sie die Liebe so zu verstehen: Liebe verbindet Menschen (oder genauer gesagt: ICHs), die im Moment der Verbindung optimal zusammen passen, um bei ihren selbst vorbestimmten Lebensaufgaben voran zu kommen – und dies in einer harmonischen Umgebung. Aber seinen Sie sich auch im Klaren: Liebe verbindet im Jetzt und hat nicht den Anspruch, dass diese Verbindung, auf die Zukunft gesehen, die optimale Verbindung bleiben muss. Vielleicht ist es erst der erste sinnvolle Schritt und später bedarf es einer anderen Verbindung. Und dass die Verbindungen exklusiv sein müssen, verlangt die Liebe schon gar nicht. Vielleicht hat ein ICH so komplexe Lebensaufgaben, dass eine optimale Verbindung gar nicht mit nur einem anderen ICH möglich ist, sondern dass es einer Verbindung mit zwei unterschiedlichen ICHs bedarf. Doch allein aus dem Grund, dass die Liebe ICHs zusammen führt, die sich gegenseitig in Harmonie weiter entwickeln können, sollte sie auch als **ewige Verbindung** angesehen werden. Zeigt sich während einer Beziehung, dass beide ICHs gleichzeitig das Optimum ihrer Entwicklung erreicht haben, könnte daraus tatsächlich eine dauerhaft feste und ausschließliche Beziehung werden. Besteht jedoch bei beiden oder aber auch nur bei einem ICH weiteres Entwicklungspotenzial, das eine andere Beziehung besser voran bringen kann – wird die Liebe (wenn sie dabei nicht gestört wird), eine neue Verbindung organisieren. Nur, und das ist ganz wichtig, eine neue Verbindung – nicht anstelle der alten – sondern als Erweiterung – und somit als „Sowohl als auch“! und nicht als „Entweder/Oder“. Wenn die letzte Beziehung aufgelöst würde, um eine neue zu beginnen, wäre es, als ob man einen „Aufbaukurs“ belegen und sich gleichzeitig dem „Grundkurs“ entledigen würde. Wie sollte man bei solch einem Handeln den Aufbaukurs (wobei hier mit Aufbaukurs keine Gewichtung zum Grundkurs gesehen werden soll) erfolgreich durchlaufen können, die neue Beziehung wäre schon im Keim zum Scheitern verurteilt.

Erkennen Sie, dass jede Beziehung in Ihrem Leben wichtig war und auch immer sein wird und aus diesem Grund auch niemals komplett aufgelöst werden sollte. Ab der Mitte des Buches geht es quasi nur noch darum: Wie kann ich alles integrieren, damit es als Ganzes positiv wirkt und nicht in Konkurrenz zueinander steht!

Jetzt könnten Sie natürlich sagen: Hey, ich hatte bislang zehn Beziehungen – wie soll ich die denn bloß alle unter einem Dach bringen! Ich sage Ihnen (um bei den vorherigen Bildern zu bleiben): Sie hatten nur aus dem Grund bislang zehn Beziehungen gehabt, weil Sie sich im Aufbaukurs Ihrem Grundkurs entledigt hatten. Somit hatte sich für Sie auch der Aufbaukurs schnell erledigt, und Sie mussten wieder eine Beziehung im Grundkurs beginnen. Und da Sie immer wieder gleich gehandelt hatten, hatten Sie auch immer wieder von vorne anfangen müssen. Im übrigen seien Sie froh, dass die Liebe für Sie stets etwas passendes gefunden hat – bei vielen ICHs ist die Frustrationsgrenze so niedrig, dass bereits nach einer oder zwei Beziehungen nichts mehr läuft und sich das ICH so quer stellt, dass die Liebe keine Grundkursbeziehungen mehr herstellen kann.

Ups, dass war schon alles zu hart für Sie? Nun gut, kommen wir zum dritten und letzten Vorwort – dem Vorwort, welches mit dem Thema scheinbar gar nichts zu tun hat:

Die Einleitung der anderen Art:

Hätte Eva nicht in den Apfel gebissen, wären wir alle im Paradies geblieben. Na, na, na, wer wird denn gleich – was nützt ein paradiesisches Leben, wenn wir uns dessen nicht bewusst sind? Ich hätte den Apfel vom Baum der Erkenntnis nicht nur angeknabbert, ich hätte ihn aufgegessen.[1] Oder anders – stellen Sie sich einmal vor, Sie hätten eine einmalig schöne Kindheit genossen. Vielleicht kaum vorstellbar, aber wenn Sie doch soviel Vorstellungskraft besitzen sollten – wären Sie jemals von Zuhause ausgezogen? Sicher wären Sie es, die Welt eigenverantwortlich und voller Neugier selbst entdecken – wer will schon in einem „goldenen Käfig" verharren!?

Aber die ewigen Kriege, Tod und Elend, und wir können nur hilflos zusehen. Warum lässt Gott so etwas zu? Dieses Gefühl der Hilflosigkeit, kommt Ihnen das nicht auch von woanders her sehr bekannt vor? Haben Sie nicht auch schon einmal einen Alptraum gehabt, in dem Sie sich völlig hilflos vorkamen? Und irgendwann wachten Sie wieder auf – noch leicht benommen, aber im Endeffekt glücklich, dass alles nur ein böser Traum war. Und – vielleicht träumen Sie Ihr Leben zurzeit auch nur; vielleicht haben Sie Ihren „goldenen Käfig" nur zu weit verlassen, haben sich verlaufen, sich von der Außenwelt zu sehr beeinflussen lassen und finden momentan einfach nicht mehr nach Hause zurück? Und wenn Sie den Weg nach Hause endlich wieder gefunden haben und endlich wieder Zuhause sind – dann werden Sie mit Sicherheit irgendwann einmal wieder nach draußen wollen – zurück zu neuen Abenteuern. Denn, wenn Sie in der Lage sind, regelmäßig nach Hause zurückzukehren, werden Sie jedes Problem, jedes „Schicksal" lediglich als positiven Stress ansehen, als Herausforderung – eben als Abenteuer.

Und jetzt wieder zum Thema zurück: Vielleicht sind Sie gar nicht

---

1 vgl. Christa Mulak, Wurzeln weiblicher Macht, S.142 ff., 1.Auflage, München 1996

ein Mensch, oder besser gesagt, ein Ego, welches ein anderes Ego für die Liebe sucht. Vielleicht sind Sie in Wahrheit gar ein Teil der Liebe selbst, die Liebe (das Zuhause), die sich selbst sucht – und Ihr Ego und das andere beteiligte Ego (oder nach diesem Buch … die anderen beteiligten Egos) stellen die Außenwelt dar, die der Suche der Liebe zu sich selbst einfach nur im Wege stehen. Die Egos stehen mit ihren Ängsten und Bedürfnissen derart im Wege, dass sich die Liebe wohl findet, so dann aber ständig von den beteiligten Egos derart zerrieben wird, dass sie sich letztendlich wieder verlieren muss! Und dann beginnen sich die Egos gegenseitig die Schuld zu geben: „Du bist Schuld, dass die Liebe weg ist!" „Nein Du!". Bleiben wir bei der Kurzform der Schuldzusprechung; die Langform haben Sie sicherlich schon einmal durchlebt. An dieser Stelle ein kleines Gedicht:

Wenn von all der Liebe zu einem Menschen, die war
nichts übrig bleibt, als nur die Erinnerung -
dann war sie nie wahr, sondern bloß ein Traum!
Liebe ist lebendig und wer dies spüren möchte,
der hält seine Beziehungen lebendig
In welcher Form sei jedem selbst überlassen
Hauptsache - er will das Träumen lassen

Aber bevor Sie weiterlesen, genießen Sie in aller Ruhe erst einmal einen Apfel – essen Sie ihn **ganz** auf!

I. Teil

1. Intelligenz = Intelligenz?

Sie sind seit zehn Jahren glücklich verheiratet!? Sie sind und waren sich ewig treu, erfinden die Liebe zu Ihrem Partner / Ihrer Partnerin jeden Tag neu, sind zusammen rundum glücklich, die Beziehung ist gleichermaßen aufregend und entspannend? Sie fühlen sich gut und ausgeglichen!? Es tut mir leid – Sie haben diese ersten Seiten umsonst gelesen, denn Sie haben garantiert gerade die falsche Lektüre in der Hand. Sie sollten vielmehr selbst ein Buch schreiben, mit dem Titel: **„Glücklich in der Ehe, ich hab es geschafft – und Sie werden es auch schaffen!"** Fragen Sie zudem bei Ihrem Buchhändler nach, ob Sie dieses Buch eventuell noch umtauschen könnten!

Oder sind Sie einer oder eine aus den wilden `68igern? Sie sind ein freier Mensch, haben Beziehungen, lösen sie wieder nach Belieben auf, haben Sex, wenn es sich ergibt – aber grundsätzlich sind Sie frei und verpflichten sich zu nichts!? Das machen Sie schon seit zehn Jahren so und bereuen nichts!? Nun ja, ich schätze, da verabschiedet sich ein weiterer Leser, denn Sie haben ebenfalls das falsche Buch in der Hand. Auch Sie sollten sich sofort an den PC setzen und Ihr Buch schreiben, mit dem Titel: **„Glücklich und frei – lebe wild und verpflichte Dich zu nichts!"**

Nun zu Ihnen, die Sie scheinbar nicht zu den oben genannten Leserkreisen gehören und noch eine oder einer der wenigen sind, die dieses Buch bis hierhin gelesen haben. Leben Sie zurzeit `mal wieder allein, haben sich vielleicht vor kurzem vom Ihrem Partner getrennt, mit dem Sie vielleicht zwei Jahre lang zusammen gewesen sind? Und ist es zufällig auch nicht die erste Trennung, die Sie bereits hinter sich haben? Dieses Leben mit sich abzuzeichnenden so genannten „Lebensabschnittspartnern" haben Sie verständlicher Weise mittlerweile vollkommen satt!

Wie kommt Ihnen das Beziehungsleben vor? Etwa so:

BEZIEHUNGEN = letztendlich ständige Machtkämpfe

oder gar schlimmer:

BEZIEHUNGEN = letztendlich treibt es jeder mit jedem

Vermutlich können Sie auf Anhieb drei Personen nennen, mit denen Sie länger als ein Jahr zusammen gewesen sind – nun ist keiner von ihnen mehr da –

so viele schöne Jahre mit einem geliebten Menschen zusammen und man traut sich nicht mehr, sich an die „guten" Jahre zurückzuerinnern, weil dann Traurigkeit, Wut und Verzweiflung aufsteigen werden. Die Jahre „scheinen" verloren – und da kein Bezug zu diesen ehemals geliebten Menschen mehr besteht und sich kaum noch einer traut, sich an sie zurückzuerinnern, könnte man quasi sagen: Diese damalige Zeit wurde überhaupt **nie gelebt** (weil nichts mehr davon übrig geblieben ist) und man lebt nur noch im „Hier und Jetzt" – und das ist gerade verdammt einsam – und der verbleibende Zeitraum für das baldige Liebesglück ist auch nicht gerade länger geworden.

Warum also gibt man geliebte Menschen so schnell auf? Hätten Sie sich in ihrer damaligen Verliebtheitsphase gegenseitig bloß einen einzigen Tag im Monat versprochen, für den sie sich gegenseitig eine Art von „Restliebe" (böses Wort) aufbewahren wollten, wären Sie zumindest für drei Tage im Monat nicht allein, sondern mit einem geliebten Menschen zusammen! Einen geliebten Menschen, der eigentlich für eine ewige Zweierbeziehung gedacht war, es aber aus irgendeinem Grund nicht sein konnte.

Vielleicht waren Sie damals blind. Blind in ihrer Verliebtheit und haben gedacht, diese Beziehung hält ewig (sprich: bestimmt ist es der Traumprinz oder die Traumprinzessin). Und als Sie dann allmählich feststellten, dass die Beziehung wohlmöglich doch nicht ewig hält, haben Sie sich, nach lupenreiner „Entweder-Oder" Manier, nach einem verliebten „Entweder" nun für ein ernüchtertes „Oder" entschieden (oder Ihr Partner hat entsprechend entschieden). Auf jeden Fall sind Sie wieder einmal allein und haben vorerst von Beziehungen die Schnauze voll. Absolut verständlich!

Spielen Sie doch bitte einmal mit diesem Gedanken: Ein Paar geht einerseits irgendwann auseinander **und** *bleibt andererseits doch zusammen!*

Also doch ewige Beziehungsmachtkämpfe oder ein „Jeder treibt es mit jedem"? Nein! Mit diesem Buch möchte ich alle Leserinnen und Leser ermuntern, einen Schritt bewusst durchzuführen, der unbewusst sowieso schon von Ihnen vorgenommen worden ist: Ein geliebter Mensch bleibt im Herzen ein geliebter Mensch. Diese Verbindung kann nur verdrängt werden. Nur Ihr rational denkendes Hirn und, vor allen Dingen, die Moral der Gesellschaft „nötigt" Sie zu „Entweder-oder" Entscheidungen. Ihr „Ego" „zwingt" Sie alles **persönlich** zu nehmen, was in Wirklichkeit jedoch einen **natürlichen** Entwicklungsprozess darstellt. Das umfangreiche, wenn auch bei weitem nicht vollständige Kapitel „der bedauernswerte „Halbgott" Mensch" soll Ihnen verdeutlichen, dass sich der Mensch mit unwahrscheinlich vielen, zum größtem Teil unbewussten und widersprüchlichen, sowohl körperlichen als auch seelischen Grundbedürfnissen auseinandersetzen muss. Hierfür benötigt er absolute Freiheit, die ihm der Lebenspartner aber nicht gewähren möchte, weil jenen das seelische Grundbedürfnis nach Liebe plagt und er unter Verlustangst leidet.

Viele Menschen sagen sich deshalb: „Scheiß was auf Beziehungen, die Karriere ist wichtig!“ also pauken sie, was das Zeug hält. Wissen ist Macht, je höher der Intelligenzquotient, umso besser. Daniel Golemann hat in seinem Buch „Emotionale Intelligenz“ jedoch herausgestellt, dass nicht die kognitive Intelligenz entscheidend ist, wie gut man durch das Leben kommt, sondern zum Beispiel Ausdauer, Hoffnung und ein, sich auf Erfahrungen stützendes positives Denken; dies sind Fähigkeiten emotionaler Intelligenz.[2]

Und wo, bitte schön, kann sich Ausdauer, Hoffnung und ein sich auf Erfahrungen stützendes positives Denken am besten entwikkeln? Sie ahnen es schon – in gut funktionierenden Beziehungen. Schade eigentlich.

---

2 vgl. Goleman, Daniel: Emotionale Intelligenz, S.109 ff., 9.Auflage, München 1998: „In 126 verschiedenen Untersuchungen an mehr als 36.000 Personen wurde festgestellt, dass die akademische Leistung, egal – ob man Klausurnoten, Notendurchschnitte oder Leistungstests zugrundelegt – um so schlechter ausfällt, je mehr einer zu Ängsten neigt (aus: Die besorgte Mutter: Timothy A. Brown et al., „Generalized Anxiety Disorder“, in David H. Barlow, Hrsg., Clinical Handbook of Psychological Disorders, New York: Guilford Press, 1993). Impulskontrolle: der MArshmallow – Test: Stellen Sie sich vor, Sie sind vier Jahre alt, und jemand macht Ihnen den folgenden Vorschlag: Wenn du wartest, bist ich eine Besorgung erledigt habe, bekommst du zwei Bonbons. Wenn du nicht solange warten kannst, bekommst du nur einen, aber du bekommst ihn sofort… Zwischen denen, die sich den Bonbon geschnappt hatten, und den anderen, die die Gratifikation aufgeschoben hatten, zeigte sich ein auffälliger emotionaler Unterschied. Diejenigen, die mit vier der Versuchung widerstanden hatten, zeigten jetzt als Jugendliche größere soziale Kompetenz: Sie waren durchsetzungsfähig, selbstbewusst und besser in der Lage, mit Frustrationen des Lebens fertig zu werden… Manche Kinder hatten das Wesentliche schon mit vier begriffen: sie waren in der Lage, die Situation als eine zu deuten, in der Aufschub vorteilhaft war, ihre Aufmerksamkeit auf etwas anderes zu lenken, statt auf die greifbare Versuchung zu starren, und sich abzulenken, dabei aber die nötige Ausdauer im Hinblick auf ihr Ziel, die beiden Marshmallows, aufrechtzuerhalten

Die Voraussetzungen für emotionale Intelligenz hat also

1. *ein Mensch, der weis, dass ein rational trainiertes Gehirn nicht ausreicht, um gut durch das Leben zu kommen, sondern z.B. Ausdauer, Hoffung und ein sich auf Erfahrungen stützendes positives Denken vorhanden sein muss.*
2. *ein Mensch, der weis, dass sich z.B. Ausdauer, Hoffnung und ein sich auf Erfahrungen stützendes positives Denken am besten auf einer emotional stabilen Basis entwickeln kann.*

Eine Grundlage für eine emotional stabile Beziehung bietet theoretisch eine treue, harmonische und glückliche Ehe. Die Scheidungsraten beweisen jedoch praktisch, dass diese Basis nicht vorausgesetzt werden kann. Also muss folglich eine andere emotional stabile Basis gefunden werden.

Um diese zu finden, muss der ganzheitliche Mensch, seine körperlichen, insbesondere aber seine seelischen Grundbedürfnisse analysiert und verstanden werden. Dabei wird man zwangsläufig auf widersprüchliche seelische Grundbedürfnisse stoßen. Stark vereinfacht kommt man auf die widersprüchlichen seelischen Grundbedürfnisse nach Freiheit und Liebe.

Hierbei sind zwei wichtige Aspekte zu beachten:

1. Das Bedürfnis nach Freiheit ist für das rational denkende Hirn wesentlich angenehmer, als das Bedürfnis nach Liebe, bei dem immer der Unsicherheitsfaktor „der andere Mensch“ vorhanden ist. Eine Einflussgröße, die nicht kontrollierbar ist.

2. Das Bedürfnis nach Liebe, besser noch bedingungslose Liebe, ist jedoch voll bewusst, während das Grundbedürfnis nach Freiheit lediglich ein teilweise bewusstes Bedürfnis darstellt. Es gibt viele Aspekte, die nach Freiheit verlangen, die nicht bis in das bewusste rational denkende Hirn gelangen. Somit hat dieses Bedürfnis ebenfalls eine Einflussgröße, die nicht kontrollierbar ist.

Die unkontrollierbaren Unsicherheitsfaktoren, die nicht direkt lebensbedrohlich sind, wie die körperlichen Grundbedürfnisse nach Essen, Trinken usw., die aber wesentlich dazu beitragen, ob man gut durch das Leben kommt oder nicht, versucht das rational denkende Hirn mit „Entweder-Oder" Entscheidungen zu bearbeiten. Dabei versucht es möglichst logisch, ähnlich einem Computer vorzugehen. In der heutigen Gesellschaft wird immer mehr das rational denkende Hirn herausgefordert, das ganzheitliche Denken (rational und emotional) gerät dabei in Vergessenheit, es stört und wird verdrängt. Das bedeutet, dass das rational denkende Hirn zurzeit Urteile fällen muss, ohne die wichtigen emotionalen Begleitumstände verstehen zu können. Die Konsequenz für Beziehungen: **Lebensabschnittspartner!!** Mit jeder neuen Beziehungstrennung sinkt die Toleranzgrenze und steigt die Erwartungshaltung, dass die nächste Beziehung perfekt sein muss. Wenn die Emotionen Probleme funken, entscheidet das rational ausgerichtete Hirn immer schneller: JA oder NEIN. Bei einer weiteren Trennung, geht das rational ausgerichtete Hirn wohlmöglich nicht mehr auf die Emotionen ein und entscheidet endgültig: NEIN! Keine Beziehungen mehr. Somit sind **Ausdauer, Hoffnung und ein sich auf Erfahrungen stützendes positives Denken** Fehlanzeige.

An dieser Stelle möchte ich grundsätzlich klarstellen, dass es für mich selbst ebenfalls nichts Schöneres gibt, als eine Liebesbeziehung, in der Geben und Nehmen voll ausgeglichen sind. Eine Beziehung, in der ich mich jeden Tag aufs Neue in meine Partnerin verliebe und sie sich in mich. Diese **Idealvorstellung**, darin werden Sie mit mir im Verlauf des Buches sicherlich zunehmend übereinstimmen, stellt einen emotionalen Hauptgewinn dar. Und die Wahrscheinlichkeit, diesen Haupttreffer sofort beim ersten Versuch zu landen und diesen wohlmöglich auch noch dauerhaft zu behalten, scheint mir schon höchstgradig utopisch zu sein. Also heißt das Motto, wie an der Losbude, „Nieten“ (auch böses Wort) ebnen den Weg zum erhofften Liebesglück; mit dem klaren Bewusstsein, dass selbst der Hauptgewinn nicht ewig bleiben wird!

Die entscheidende Frage ist: wie gehe ich mit meinen „Nieten“ um? Wegwerfen, vergessen und auf ein Neues? Oder irgendwann den erwünschten Hauptgewinn vergessen und sich mit einer „Niete“ als „Trostpreis“ zufrieden geben?

Ich persönlich habe Frauen lieben gelernt, bei denen einmal meine Liebe zu ihr viel größer war (oder wurde), als ihre Liebe zu mir – und bei einer anderen waren die Verhältnisse umgekehrt; sie liebte mich viel mehr, als ich ihr an Liebe zurückgeben konnte. Was also tun?

Wie soll derjenige mit dieser Situation umgehen, der weniger liebt? Beziehungsweise nach der Verliebtheit die Liebe wieder deutlich nachlässt? Die Beziehung beenden und weitersuchen? Den Idealzustand abschreiben und sich mit der aktuellen Beziehung zufrieden geben (lieber einen Spatzen in der Hand, als eine Taube auf dem Dach)? Und derjenige, der „zuviel“ liebt, wie soll er mit dieser Situation umgehen? Festhalten, solange es geht? Die Beziehung aufgeben und die geliebte Person schnell loslassen?

Ich glaube erstens, wenn man den Liebeshauptgewinn (wenn wir `mal bei diesem Bild bleiben) aufgibt, gibt man vieles in sich selbst auf. Es macht keinen Sinn, sich mit einem nicht befriedigenden Zustand zu arrangieren, sich mit ihm „abzufinden". Man ist sich selbst gegenüber und auch dem anderen gegenüber nicht ehrlich und die Unzufriedenheit wird der Partner auf jeden Fall spüren – „Was ist los, Du bist so komisch!?" „Was soll schon sein, alles ist gut." Das bedeutet für mich: Sobald ich mir eingestehen kann, dass die aktuelle Beziehung nicht die Traumbeziehung darstellt (und höchstwahrscheinlich auch in Zukunft nicht darstellen wird), ist für mich diese aktuelle Beziehung definitiv als feste Zweierbeziehung gescheitert. Es muss ein Gespräch mit dem Partner erfolgen und ich werde definitiv weitersuchen. Wenn ich diesen Schritt nicht offen gehe, wird sich die Suche im Unbewussten vollziehen.

Das bedeutet für mich zweitens aber nicht, dass diese scheinbare „Nieten" Beziehung vollkommen verlorene Zeit dargestellt hat und auch nicht endgültig und komplett beendet werden soll. Eine nicht nachweisbare Verbindung bleibt, meines Erachtens, immer bestehen. Ich gestehe mir bei jedem Beziehungspartner ein (auch bei demjenigen, den ich nicht so sehr zu lieben geglaubt habe), dass es kein Zufall war, dass ich mit ihm zusammengekommen bin und dass jede mutmaßliche „Nieten" Beziehung vielmehr einen kleinen Gewinn auf dem Weg zum Hauptgewinn darstellt. Ja, ich glaube, dass alle Beziehungen tendenziell kleine Gewinne bedeuten, die sich summieren lassen, und dass durch sie mit jeder neuen Beziehung die Liebe qualitativ wächst (während andere Menschen tendenziell nach jeder „gescheiterten" Beziehung nur noch frustriert sind). Jeder (Ex)partner ist und bleibt für mich wichtig. Und das will ich zeigen und natürlich bei meinen (Ex)partnerinnen, die ich mehr geliebt habe, als sie mich, auch gern selbst spüren:

DU WARST FÜR MICH WICHTIG! DU BIST NOCH IMMER FÜR MICH WICHTIG! UND DU WIRST AUCH IMMER FÜR MICH WICHTIG BLEIBEN!

So schön man sich den emotionalen „Hauptgewinn“ auch ausmalen könnte, es wäre fatal immer wieder nur „Entweder-Oder“ „Alles oder nichts“ zu spielen; denn am Ende könnte die persönliche Isolation stehen: *„Untersuchungen, die über zwei Jahre hinweg an 37.000 Menschen durchgeführt wurden, zeigen, dass soziale Isolation – das Gefühl, dass man niemanden hat, mit dem man sich über seine persönlichen Empfindungen austauschen oder mit dem man enge Kotakte haben kann – das Erkrankungs- bzw. Sterberisiko verdoppelt.* [3] Genauso extrem stellt es das Nachrichtenmagazin „Focus“ dar: *„1,4 Mio. Bundesbürger haben in den letzten 24 Stunden mit niemandem gesprochen.“*[4] Und die Zeitschrift „Der Spiegel“ hat ein aussagekräftiges Titelbild mit der aktuellen Aussage „Singles – Zwischen Freiheit und Einsamkeit“[5]

---

3 Goleman, Daniel: Emotionale Intelligenz, S. 226, 9. Auflage, München 1997 (James House et al., „Social relationships and health“, Science, 29 Juli 1988). Die Isolation als solche, stellte ein Bericht in der Zeitschrift Science 1987 fest, “ist für die Sterblichkeitsraten ebenso bedeutsam wie Rauchen, hoher Blutdruck, hoher Cholesterinspiegel, Fettleibigkeit und Mangel an körperlicher Bewegung.“ Tatsächlich erhöht das Rauchen das Sterberisiko lediglich um den Faktor 1,6, soziale Isolation dagegen um den Faktor 2,0, und so stellt sie ein größeres Gesundheitsrisiko das (Einer Theorie zufolge ist bei der heilenden Wirkung sozialer Kontakte ein zerbraler Mechanismus beteiligt. Sie verweist auf Tierexperimente, aus denen sich eine beruhigende Wirkung auf den hinteren Hypothalamusbereich ergibt, einen Teil des limbischen Systems, der vielfältige Verbindungen zum Mandelkern hat. Die tröstliche Anwesenheit einer anderen Person hemmt dieser Theorie zufolge die limbische Aktivität, indem sie die Ausschüttung von Azetylcholin, Cortisol und Katecholaminen herabsetzt, allesamt Neurosubstanzen, die eine raschere Atmung, einen schnelleren Herzschlag und andere physiologische Anzeichen von Stress auslösen)

4 Focus Nr. 49, 6. Dezember 1993

5 Der Spiegel Nr. 10, 10/2000

SPIEGEL
Nr. 10/6.3.2000 · 5.00
INTON CONTRA SCHRÖDER
Machtkampf um
den Welt-Währungsfonds
ZWISCHEN FREIHEIT
UND EINSAMKEIT
Singles

Wenn Sie auf meiner „Wellenlänge" sind, oder dorthin gelangen möchten, lade ich Sie hiermit herzlich ein, weiter zu lesen, um eine Antwort auf die Frage zu finden: Wie kann ich einerseits auf dem Weg der Suche nach meinem „Liebeshauptgewinn" bleiben und andererseits gleichzeitig jeden „längerfristigen" „Wegbegleiter" in meinem Herzen integrieren!? Bis hin, sogar folgende Möglichkeit nicht auszuschließen: Ist die Integration jedes „längerfristigen" „Wegbegleiters" bereits mein „Liebeshauptgewinn"!?

Dieses Buch hat das Ziel, Ihnen für diesen Weg eine neue Art stabiler emotionaler Basis vorzustellen. Vermutlich wird diese Idee bei Ihnen auf Widerstand stoßen. Mir ist keine Publikation bekannt, die diese Problematik thematisiert **und** eine alltagstaugliche Umsetzung vorstellt.

Im nächsten Teil werde ich, wenn auch nicht vollständig, auf die widersprüchlichen seelischen Grundbedürfnisse eingehen. Im Anschluss werde ich Ihnen meine neue Art einer stabilen emotionalen Basis vorstellen. Ich nenne sie das **„Zuhause-Prinzip"**, in der, in Anbetracht der widersprüchlichen seelischen Grundbedürfnisse, in Beziehungen vorab so genannte „Mindestversprechen" abgegeben werden. Anschließend versuche ich für das „Zuhause-Prinzip" ein Konzept aufzustellen, wobei ich in diesem Buch ein Konzept für die Betroffenen selbst aufzeigen möchte. In einem späteren Buch folgt ein Konzept für die Paar- / Familienberatung.

Und wir werden nichts auslassen – auch das in der Tat schwierige Thema „Sexuelle Treue" wird hinterfragt werden: Ob es möglich ist, die Sexualität, beispielsweise als besonders liebevolles Streicheln, aus seiner Exklusivität herausnehmen zu können.

Es würde sehr helfen, die Exklusivität der Sexualität zu hinterfragen, um sich eine neue Tür zu öffnen, um eine neue emotional stabile Basis zu finden, um besser durch das Leben zu kommen. Ohne Angst, ohne Schmerz und ohne Eifersucht!

Zum Abschluss dieses Kapitels noch einmal ein Gedicht zum Nachsinnen:

Irrwege der Liebe

Flehend ist die Stimme der Liebe in der Not:
„Bitte komme sofort –
sonst ist es meines Herzens Tod!"

Der Liebe Verrat ist ein knappes Wort:
„Gehe am besten für immer fort!"

Der, der da hört, glaubt an einen Scherz –
sein Preis dafür ist ein gebrochenes Herz!

Dieses Schicksal traf lange Dich –
nun hörte ich, und es traf mich!

Das wird auch ewig so weitergehen,
wenn wir nicht das Glück der Integration verstehen!

Hat man endlich das,

was man selbst als Liebe ernennt, erhascht –
will man die, die einen vermissen, nicht verstehen,
und gibt sich völlig ahnungslos überrascht,
wenn jene aus tiefsten Herzen flehen!

Die Angst, die neue Liebe zu verlieren,
ist größer, als der Gedanke, zu integrieren!

Und ist die neue Liebe dann doch verloren,
ist die Stimme der Liebe in der Not neugeboren!

Und das wird auch ewig so weitergehen,
wenn wir nicht das Glück der Integration verstehen!

2. Der bedauernswerte „Halbgott" Mensch

2.1 Die seelischen Grundbedürfnisse des Menschen

Der Mensch bezeichnet sich gern als die „Krönung der Schöpfung". In Wirklichkeit aber ist er das einzige wirklich bedauernswerte Wesen auf Erden. Tiere und Pflanzen sind auf die Natur voll abgestimmt, sie brauchen nicht nachzugrübeln, sie sind einfach – mit natürlichen Instinkten und Bedürfnissen versehen. Die Bedürfnisse des Menschen hingegen sind wesentlich komplexer.

Entscheidend aber ist, dass der Mensch das einzige Wesen ist, welches sich selbst bewusst wahrnimmt, denken, eine eigenständige Urteilskraft gewinnen, wählen und reflektieren kann. Er kann nicht nur wählen, er **muss** wählen, und dabei wird er mit vielen Widersprüchen konfrontiert. Wilhelm Schmid schreibt in seinem Buch „Philosophie der Lebenskunst" wörtlich: *„Ohne damit eine Natur des Menschen festzuschreiben, kann etwa vom Menschen als dem Wesen der Widersprüche die Rede sein, denn alle Regelmäßigkeit der Erfahrung deutet darauf hin, dass dieses Wesen in eben solchem Maße, wie es lieben kann und geliebt werden will (und regelmäßig eher das letztere als das erstere), auch in der Lage ist zu hassen; dass ein beharrlicher Faktor seines Verhaltens nicht nur Zärtlichkeit, sondern auch der Zorn ist. Regelmäßig kommt es ihm darauf an, zu verstehen und selbst verstanden zu werden (und mehr noch das letzteres als das erstere), aber zugleich ist das Missverständnis die Regel. Im Raum zwischen diesen Widersprüchen entfalten sich die Geschichten der Menschen mit erstaunlicher Gleichförmigkeit: Geschichten von Liebe, Haß, Neid, Missgunst, Sympathie, Antipathie, Lüge und Betrug. Widersprüchlich auch die Ausstattung, Lust empfinden und vermitteln zu können (regelmäßig richtet sich das Bedürfnis aber eher auf ersteres), sowie Leid und Schmerz hinnehmen zu müssen. Zudem ist das Menschsein hin- und hergerissen zwischen dem Normalen und dem Anderen; willig oder unwillig ist der Mensch offen* *für das Andere, das ihn durchquert und durchkreuzt: Nicht nur Liebe, Hass, Lust und Schmerz, sondern auch Krankheit, Delinquenz, Wahnsinn und Tod. Die Lebensführung kann allenfalls versuchen, mit den Widersprüchen zu leben, um nicht von ihnen zerrissen zu werden, und eine Kunst des Umgangs mit ihnen zu entwickeln.“*[6]

Um das Wirrwarr der menschlichen Bedürfnisse und Widersprüche versuchsweise auflösen zu können, möchte ich die Bedürfnisse auf zwei „seelische Grundbedürfnisse“ reduzieren: Das seelische Grundbedürfnis nach Freiheit und das seelische Grundbedürfnis nach Liebe, so wie man ist – also bedingungslose Liebe. Diese beiden Bedürfnisse sind allein schon widersprüchliche Bedürfnisse. Wie kann jemand vom anderen erwarten, geliebt zu werden und gleichzeitig seine „Narrenfreiheit“ nicht aufzugeben!?

An dieser Stelle möchte ich Ihnen zugestehen, dass es eigentlich nicht sonderlich viel Spaß macht, sich selbst als bedauernswert zu sehen. Sicherlich haben Sie keine Lust dazu, sich neben Ihren aktuellen bewussten Problemen noch mit der Problematik des Menschseins auseinanderzusetzen. Anderseits hilft es Ihnen sicherlich, das ganze menschliche Dilemma zu betrachten, um etwas beruhigt zu sein, mit der Gewissheit, dass die eigenen aktuellen Probleme „menschennormal“ sind.

Um diesem Zwiespalt zu entrinnen, lade ich Sie ein, vom Menschsein abzurücken und die nächsten Kapitel als außenstehender Beobachter zu betrachten:

Stellen Sie sich bitte vor, Sie hätten keinen lästigen Körper mehr, der eh nur träge und kränklich ist. Natürlich brauchen Sie auch

6 Wilhelm Schmid, Philosophie der Lebenskunst, S. 83/84, 4. Auflage, Frankfurt am Main

nichts mehr zu Trinken oder zu Essen, Toilettengänge ade – **ab jetzt sind Sie ein reines Energiewesen!**

Denken Sie Raum und Entfernung weg – **ab jetzt sind Sie augenblicklich dort, wo Sie sein möchten!**

Vergangenheit und Zukunft machen uns nur das Leben schwer, die Zeit wird abgeschafft – **ab jetzt sind Sie im ständigen JETZT!**

Und da Sie ein Energiewesen sind und gleichzeitig überall sein können, sind Sie natürlich gleichzeitig mit anderer Energie verbunden und gleichzeitig können Sie jederzeit für sich allein sein – **ab jetzt sind Sie sowohl getrennt als auch vereint!**

Und wenn es keine Zeit mehr gibt, können Sie natürlich auch nicht älter werden – **ab jetzt sind Sie EWIG!**

In den nächsten Kapiteln stellen Sie sich also vor:
Sie sind ein ewiges, sowohl getrenntes als auch vereintes Energiewesen und betrachten in aller Ruhe und im inneren Frieden die bedauernswerten „Halbgötter" namens Menschen, wie sie ihr Leben im Raum/Zeit – Gefängnis, ich meinte, im Raum/Zeit Gefüge durchwandern.

Vorhang auf für den „Halbgott" Mensch –

2.1.1 Das seelische Grundbedürfnis nach Freiheit

Der Mensch soll frei sein. Dafür ist er mit einem Gehirn ausgestattet, welches ihn, wie eingangs bereits erwähnt, befähigt, individuell zu denken, sein eigenes Urteil zu bilden, zu wählen und zu reflektieren. Es gibt keinen nachweislichen „Draht" nach „oben", zu einer höheren Instanz, die dem Menschen sagt, was gut oder schlecht, günstig oder ungünstig, moralisch oder unmoralisch ist. Somit muss der Mensch auch frei sein, um sich selbst verstehen zu lernen.
Um selbst herausfinden zu können, was gut oder schlecht, günstig oder ungünstig, moralisch oder unmoralisch ist. Und hier fangen die großen Probleme an: Irgendeine Handlung von mir kann für mich gut sein, aber ist sie auch gleichzeitig für meine Mitmenschen gut? Und wenn man glaubt, sie sei gut, ist sie auch langfristig gut, oder wird sich eine scheinbar gute Entscheidung langfristig negativ auf mich und /oder auf meine Mitmenschen auswirken? Ist eine Handlung von mir generell für mich und für alle Mitmenschen gut oder nur für einen Teil meiner Mitmenschen – und will ich überhaupt gut für die Anderen sein, reicht es nicht aus, wenn meine Handlungen gut für mich sind? Wie groß sollte mein Interesse sein, dass meine Handlungen auch gut für meine Mitmenschen sind? Wir beginnen uns auf dem Gebiet zu bewegen, wo Jesus sagte: **„Gott, vergib Ihnen, denn sie wissen nicht, was sie tun!"**

Das Gehirn:
Der Mensch hat Computer geschaffen, die entweder/ oder, in Dualzahlen (0 oder 1) „denken" können – dies kann der Mensch selbst leider bei weitem nicht so gut. Er besitzt nicht **<u>ein</u>** Gehirn, sondern sein Gehirn besteht aus drei zusammengewachsenen Teilen: Das „Reptilhirn", das „Säugetierhirn" und das menschliche Hirn. Und diese Hirne funktionieren auf unterschiedliche Art und Weise:

„Unser Reptilhirn ist für lebensrettendes Handeln ausgelegt – aber nicht für Gefühle, und schon gar nicht für Einfühlungsvermögen und Liebe. Der Morgen der Gefühle dämmerte erst, als sich der limbische Bereich im Hirn der Säugetiere entwickelte – Tiere, die ein Fell haben und ihre Jungen säugen. Unser Säugetierhirn produziert Gefühle und spielt eine Schlüsselrolle für Freude, Energie und Gesundheit in unserem Leben. Das limbische Säugetierhirn kontrolliert außerdem Puls, Atem, Temperatur und Energieniveau. Wenn Sie sich langweilen, kann es Sie in wenigen Minuten todmüde werden lassen. Gibt es etwas, das Sie stark interessiert, kann es Ihnen einen großen Schub Energie verabreichen, selbst wenn Sie vorher müde waren. Obwohl sich das Reptilhirn vor dem Säugetierhirn entwickelte, erstreckte sich ihre gemeinsame Evolution innerhalb der Spezies der Säugetiere über einen langen Zeitraum. Aufgrund der Viertelmilliarde Jahre der „Produktentwicklung" scheinen diese beiden **alten Hirne** *so verkabelt zu sein, dass sie gut zusammenarbeiten,"*[7] so heißt es wortwörtlich und **stark vereinfacht** dargestellt im Ken Keyes „Handbuch zum Glücklichsein".

Er schreibt weiter: *„…, unser Neokortex ist der „Neue" in der Firma (40.000 Jahre gegen 250 Millionen Jahre). Die Neurologen erklären, dass unser* **altes Hirn** *und das rationale* **neue Hirn**, *das sich über ihm entwikkelte, in vielen Dingen nicht aufeinander abgestimmt sind. Leider fehlt es ihnen an den nötigen Schaltkreisen, um uns gut dienen zu können." „Unser* **altes** *und* **neues Hirn** *sind in vieler Hinsicht phasenverschoben – da keines von beiden sich voll dessen bewusst ist, was eigentlich im anderen Hirn vorgeht. Sie sprechen nicht einmal dieselbe „Sprache". Das* **neue Hirn** *denkt; das* **alte Hirn** *kann das nicht. Das* **alte Hirn** *findet keinen Sinn im logischen Gedankengang. Es ist auf Gefühle spezialisiert und es klassifiziert alles, was in unserem Leben geschieht, als sicher oder unsicher, als befriedigend oder unbefriedigend."*[8]

---

7 Ken Keyes, Handbuch zum Glücklichsein, S.32, ?. Auflage, München 1998

8 Ken Keyes, Handbuch zum Glücklichsein, S.32 und S.31, ?. Auflage, München 1998

Ken Keyes unterscheidet fünf Hauptstörfaktoren zwischen dem **alten und neuen** Hirn*: „*

1. *Objektfaktor: Das alte Hirn bringt unterschiedliche Menschen und Dinge durcheinander.*
2. *Zeitfaktor: Das alte Hirn verschmilzt Vergangenheit, Gegenwart und Zukunft zu einer „Jetzt" Erfahrung*
3. *Fremdheitsfaktor: Das alte Hirn fühlt sich von Fremden bedroht.*
4. *Unveränderlichkeitsfaktor: Das alte Hirn ist nicht darauf eingestellt, dass sich Menschen und Dinge ständig verändern.*
5. *Erinnerungsanpassungsfaktor: Das alte Hirn adaptiert oder erzeugt Erinnerungen, um aktuelle Interessen zu unterstützen."*[9]

Welche Schäden diese Störfaktoren uns tagtäglich zufügen können, werden im Ken Keyes „Handbuch zum Glücklichsein" ausführlich beschrieben. Das alte und das neue Hirn arbeiten nicht nur disharmonisch zusammen, das alte Hirn ist bei der Geburt bereits voll aufnahmefähig, während das neue Hirn sich erst beginnt zu entfalten. So hält Daniel Goleman fest: *„…dass viele emotionale Erinnerungen auf die ersten Lebensjahre zurückführen, auf die Beziehung zwischen dem Kleinkind und seinen Betreuern. …" „… Andere Hirnstrukturen, speziell der Hippocampus, der für narrative Erinnerungen wichtig ist, und der Neokortex, Sitz des rationalen Denkens, sind in diesen frühen Lebensabschnitt noch nicht voll entwickelt…" „…Der Mandelkern* (Teil des alten Hirns, eigene Ergänzung) *reift beim Kleinkind aber sehr rasch, und schon bei der Geburt ist er seiner vollständigen Ausformung sehr viel näher."*[10]
Das heißt, frühe, eventuell negative emotionale Erfahrungen, können durch das neue Hirn in Form von Erinnern nicht erfasst und somit nicht bearbeitet, bzw. behandelt werden.

---

9 Ken Keyes, Handbuch zum Glücklichsein, S.33 ?. Auflage, München 1998
10 Daniel Goleman, Emotionale Intelligenz, S. 41, 9. Auflage, München 1998

Wenn das rational denkende Hirn versucht, die Gefühle des für ihn mehr oder weniger unbewussten, emotionalen Gehirnteils zu verdrängen, wird der Mensch krank.

Der Sexualtrieb:
Der Mensch hat Computer geschaffen, die entweder/ oder, in Dualzahlen (0 oder 1) „denken" können – dies kann der Mensch selbst leider bei weitem nicht so gut. Sein Sexualtrieb macht ihm ständig einen Strich durch die Rechnung. Der Mensch kann seinen Sexualtrieb weder einfach wegdenken, noch kognitiv kontrollieren. Unterdrückung kann zu Depressionen, Aggressionen, Impotenz oder gar zu gefährlichen Handlungen, wie Vergewaltigungen, führen. Sigmund Freud schrieb in seinem Buch „Drei Abhandlungen zur Sexualitätstheorie: „Die dem Sexualobjekt vielleicht entlegenste, das Auge, kommt unter den Verhältnissen der Objektwerbung am häufigsten in die Lage, durch jene besondere Qualität der Erregung, deren Anlass wir am Sexualobjekt als Schönheit bezeichnen, gereizt zu werden. Die Vorzüge des Sexualobjektes werden darum „Reize" geheißen. Mit dieser Reizung ist einerseits bereits Lust verbunden, andererseits ist eine Steigerung der sexuellen Erregtheit oder ein Hervorrufen derselben, wo sie noch fehlt, ihre Folge... ...Durchsichtiger ist vielleicht ein anderer Fall, wenn zum Beispiel bei einer sexuell nicht erregten Person eine erogene Zone, etwa die Brusthaut eines Weibes, durch Berührung gereizt wird. Diese Berührung ruft bereits ein Lustgefühl hervor, ist aber gleichzeitig wie nichts anderes geeignet, die sexuelle Erregung zu wecken, die nach einem Mehr von Lust verlangt."[11]

---

11 Sigmund Freud, Drei Abhandlungen zur Sexualtheorie, S. 110 und 111, 5. Auflage, Frankfurt am Main 1998

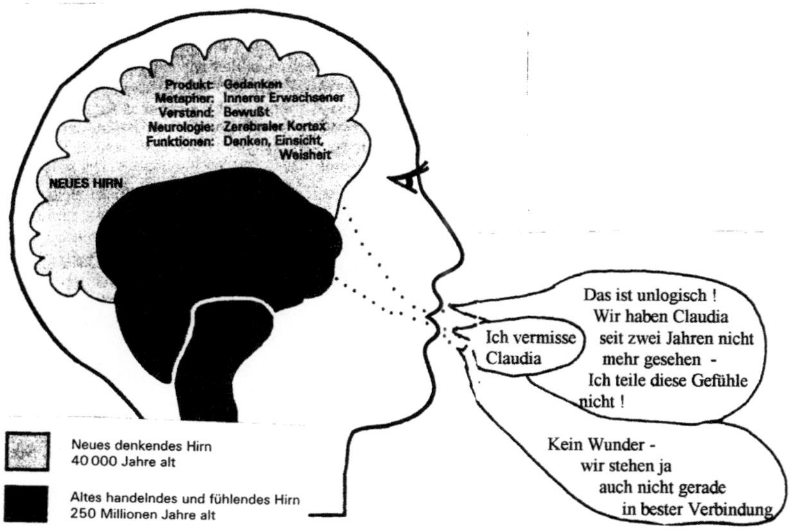
Produkt: Gedanken
Metapher: Innerer Erwachsener
Verstand: Bewußt
Neurologie: Zerebraler Kortex
Funktionen: Denken, Einsicht, Weisheit
NEUES HIRN
Das ist unlogisch ! Wir haben Claudia seit zwei Jahren nicht mehr gesehen - Ich teile diese Gefühle nicht !
Ich vermisse Claudia
Kein Wunder - wir stehen ja auch nicht gerade in bester Verbindung
Neues denkendes Hirn 40 000 Jahre alt
Altes handelndes und fühlendes Hirn 250 Millionen Jahre alt

Dies sind die Stufen der so genannten „Vorlust"; das Spannungsgefühl steigert sich dann bis zur „Endlust" (mit Erektion des männlichen Gliedes und das Feuchtwerden der Scheide), die erst mit Beendigung des Sexualaktes in Entspannung übergeht (dass sich die Lustkurve bei Frau und Mann unterschiedlich verhält, sei hier unberücksichtigt).

Wenn das rational denkende Hirn versucht, das körperliche Bedürfnis nach sexueller Erfüllung zu verdrängen, wird der Mensch krank.

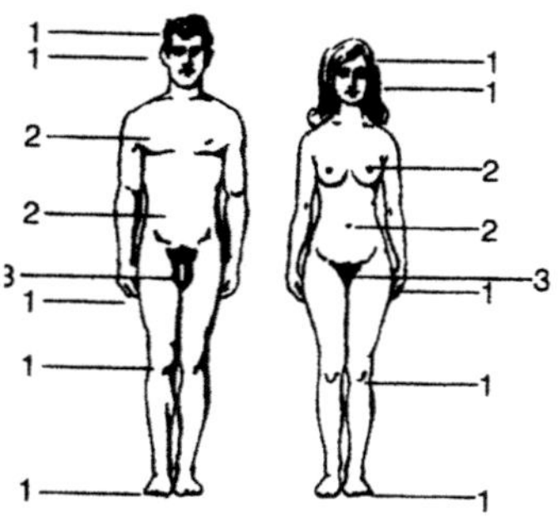

Schwerengrade der Berührungspunkte, die einen Kontrollverlust des rational denkenden Hirns verursachen

1. Das rational denkende Hirn wird von sexuellen Gefühlen durchflutet.
2. Größte Alarmstufe: Das rational denkende Hirn droht die Kontrolle zu verlieren.
3. Nichts geht mehr! Das rational denkende Hirn hat verloren. Nur noch der Trieb zählt

Die vielfältigen Persönlichkeiten im Menschen:
Der Mensch hat Computer geschaffen, die entweder/oder… … wer oder was ist eigentlich der Mensch? Haben Sie diese Situation auch schon einmal erlebt: Sie lernen einen Menschen kennen, glauben ihn wirklich zu kennen, und auf einmal gibt er sich ganz anders als gewohnt; zeigt ein zweites Gesicht?

Hermann Hesse hat in seinem Buch „Der Steppenwolf" treffend dargestellt, was in einem Menschen vorgehen kann. Seine Romanfigur „Haller" ist der „Steppenwolf"; er ist normal Mensch und seine Triebe der Wolf, *„…in ihm liefen Mensch und Wolf nicht nebeneinander her, und noch viel weniger halfen sie einander, sondern sie lagen in ständiger Todfeindschaft gegeneinander, und einer lebte dem anderen lediglich zu Leide,… …, wenn er Wolf war, der Mensch in ihm stets zuschauend, urteilend und richtend auf der Lauer lag – und in den Zeiten, wo er Mensch war, tat der Wolf ebenso."* [12]

„Harry besteht nicht aus zwei Wesen, sondern aus hundert, aus tausenden. Sein Leben schwingt (wie jedes Menschen Leben) nicht bloß zwischen zwei Polen, etwa dem Trieb und dem Geist, oder dem Heiligen und dem Wüstling, sondern es schwingt zwischen tausenden, zwischen unzähligen Polpaaren. …; der Mensch ist eine aus hundert Schallen bestehende Zwiebel, ein aus vielen Fäden bestehendes Gewebe. Erkannt und genau gewusst haben dies die alten Asiaten, und im buddhistischen Yoga ist eine genaue Technik dafür erfunden, den Wahn der Persönlichkeit zu entlarven." [13]

Hal und Sidra Stone sprechen in diesem Fall von verschiedenen Teilpersönlichkeiten, von Hauptselbsten, wie z.B. den Antreiber, den Beschützer/Bewacher, urteilendes Selbst und den verdrängten Selbsten; dies können sein: das verletzte Kind, das sanfte Selbst

12 Hermann Hesse, Der Steppenwolf, S. 56, 1. Auflage, Frankfurt am Main 1997

13 Hermann Hesse, Der Steppenwolf, S.74 und S. 77, 1. Auflage, Frankfurt am Main 1997

usw.[14] Multiple Persönlichkeiten sind etwas ganz natürliches; *„krankhaft werden sie, wenn kein ICH da ist, das in der Lage ist, die Stimmen zu reflektieren. Es muss ein reflektierendes ICH da sein, ein ICH, das sagen kann: Dies ist eine Stimme.“* [15]

Dass der Mensch nicht nur **eine** Persönlichkeit ist, kann man auch bei den Rosenkreuzern (eine Geheimgesellschaft / Mysterienschule) finden. In ihren Informationsbriefen ist zu lesen: *„Wir sind immer gewohnt, uns selbst, die ICH – Persönlichkeit, als Mensch zu bezeichnen. In Wirklichkeit ist jedoch das gesamte menschliche Wesen viel mehr als das, was normalerweise unter Mensch verstanden wird. Es muss in seiner Gesamtheit als* **Mikrokosmos** *bezeichnet werden, als eine Welt im Kleinen. Der Mikrokosmos ist kugelförmig und siebenfach. Man kann von sieben ineinander kreisenden Daseinssphären sprechen. Sein Mittelpunkt ist das „Uratom“. Innerhalb des Mikrokosmos lassen sich noch zwei weitere Wesen unterscheiden: das so genannte „höhere“ Selbst und das „niedere“ Selbst. Das höhere Selbst wird auch als das „aurische“ Wesen bezeichnet. Es wird umhüllt von einer magnetischen Schicht, die der Träger der Vergangenheit ist. In ihr sind die Erfahrungen und Resultate aller* **Inkarnationen** *aufgezeichnet. Sie trägt daher auch den treffenden Namen „Lipika“, d.h. Schreiber, Aufzeichner. Die Resultate manifestieren sich dort als Konzentrationspunkte magnetischer Kräfte, die in ihrer Gesamtheit ein flammendes astrales Feuer von ganz bestimmter Qualität bilden. Es bestimmt die magnetische Art des Mikrokosmos und äußert sich in einem positiven und einem negativen Strahlungsfeld. Diese ziehen das an, was der Qualität dieses Feuers entspricht, und stoßen das ab, was ihr nicht entspricht.“* [16]

Die Rosenkreuzer sprechen also von Inkarnationen, also Wiedergeburten, nicht die eigenen, sondern von **Inkarnationen ver-**

14 vgl. Stone, Hal und Sidra: Du bist viele, S. 80 (Abbildung), 3. Auflage, München 1997

15 Stone, Hal und Sidra: Du bist viele, S. 117, 3. Auflage, München 1997

16 Rosenkreuzer, Informationsbrief Nr. 4, S.4 ?. Auflage, Verlagsort und Erscheinungsjahr unbekannt

schiedener Persönlichkeiten innerhalb eines höheren Selbst. Das bedeutet, ein jetzt lebender Mensch muss sich ständig mit den Erfahrungen und Resultaten aller vor ihm im höheren Selbst gelebten Menschen auseinandersetzen. **Er kann nicht nur er selbst sein, sondern ist von Geburt an viele.**

Wenn der Mensch all seine „Persönlichkeiten" nicht auslebt, sondern lediglich auf sein rational denkendes Hirn oder auf seine „Hauptpersönlichkeit" eingeschränkt ist, wird er krank.

Der zwischenmenschliche Kontakt:

Dies sind nur drei markante Beispiele dafür, dass der Mensch in einem inneren Konflikt steht. Was geschieht nun, wenn ein Mensch auf einen anderen Menschen trifft? Die Rosenkreuzer sprechen ja von einem positiven und einem negativen Strahlungsfeld, die magnetische Schicht des höheren Selbst. Dieses Strahlungsfeld stößt das ab, was ihr nicht entspricht. Das heißt mit anderen Worten, wir suchen uns nicht willentlich Menschen aus, sondern werden von ihnen angezogen oder ziehen sie selbst an.

Dass die Rosenkreuzer mit ihrem Magnetismus nicht ganz verkehrt liegen, zeigt Fritz Riemann in seinem Buch „Grundformen der Angst“: *„Und nun zu dem Gleichnis: Nehmen wir einmal an – was eigentlich sehr nahe liegt – dass der Mensch als Bewohner unserer Erde und als winziges Teilchen unseres Sonnensystems auch dessen Gesetzmäßigkeiten unterworfen sei, und dass er damit die beschriebenen Impulse als unbewusste Triebkräfte und zugleich als latente Forderungen in sich trage, so führt uns das zu sehr überraschenden Entsprechungen. Wir brauchen nämlich nur jene Grundimpulse auf der menschlichen Ebene ins Psychologische zu übersetzen, also nach ihren Entsprechungen im seelischen Erleben zu fragen, dann stoßen wir auf die erwähnten Antinomien, zwischen denen unser Leben ausgespannt ist und, wie wir sehen werden, zugleich auf jene Grundformen der Angst, die im Zusammenhang damit stehen und so einen tieferen Sinn bekommen.“* [17]

Der Rotation, die Eigendrehung der Erde, entspräche psychologisch gesehen, sinngemäß die Forderung zur Individuation. Der Bewegung um die Sonne, die Revolution, entspräche die Forderung, sich einzuordnen, in ein größeres Ganzes. Der Schwerkraft, den Zentripetalen, entspräche auf seelischer Ebene den menschlichen Impuls nach Dauer und Beständigkeit, und dem Zentrifugalen, der Fliehkraft, entspräche der Impuls, der uns immer vorwärts,

---

17 Fritz Riemann, Grundformen der Angst, S. 12, ?. Auflage, München; Basel 1996

zur Veränderung, zur Wandlung treibt.[18] Somit wären wir auch, nach Fritz Riemann, unsichtbaren Kräften unterlegen. Robin Norwood steuert in ihrem Buch „Wenn Frauen zu sehr lieben" zum Beispiel den „Paartanz" bei. Seine Aktionen und unsere Reaktionen, seine Bewegungen und unsere Gegenbewegungen fügen sich zu einem vollendeten Paartanz zusammen (bei Anziehung) oder eben nicht (bei Abstoßung).[19]

Aber auch wenn diese Beispiele zu abstrakt und unbewiesen erscheinen, gibt es noch genügend Beweise, dass während eines Zusammentreffens mit einem anderen Menschen vieles „abläuft", was unser Stolz – das logisch denkende Hirn – als allerletztes mitbekommt. Alexa Mohl macht in ihrem Buch „Der Zauberlehrling, das NLP Lern- und Übungsbuch" darauf aufmerksam, dass Untersuchungen ergeben haben, dass ein überwiegender Anteil unserer zwischenmenschlichen Kommunikation über körpersprachliche Botschaften abläuft, die wir ebenso unbewusst senden wie empfangen, deuten und darauf reagieren.[20] Michael Lukas Moeller wird in seinem Buch *„Die Liebe ist das Kind der Freiheit" noch konkreter: „Untersuchungen haben ergeben, dass die unbewusste Wahrnehmung etwa zehnmal umfangreicher ist als die bewusste (Kubie)."*[21] Und Friedemann Schulz von Thun stellt in seinem Buch „Miteinander Reden I" sogar ein Kommunikationsquadrat vor, das neben dem reinen (tatsächlich auch sofort von unserem logisch denkenden Hirn erfassbaren) **Sachinhalt**, auch einen **Selbstoffenbarungsteil** beinhaltet (der Sender einer Nachricht, gibt stets etwas von sich selbst preis). Außerdem finden wir in diesem Quadrat einen **Beziehungsaspekt** (wie stehe ich emontional mit meinem Gegenüber in Verbindung?)

18 vgl. Fritz Riemann, Grundformen der Angst, S. 12, ?. Auflage München; Basel 1996

19 vgl. Robin Norwood, Wenn rauem zu sehr lieben, S. 131, ?. Auflage, Hamburg 1995

20 vgl. Alexa Mohl, Der Zauberlehrling, S. 17, 6. Auflage, Paderborn 1997

21 Moeller, Michael Lukas: Die Liebe ist das Kind der Freiheit, S. 47, ?. Auflage, Reinbek bei Hamburg 1999

und einen **Appelaspekt** (Was möchte mein Gegenüber mit dieser Aussage bei mir bewirken?).[22]

Bis auf die Ausnahme der reinen Sachinformation, läuft alles mehr oder weniger unbewusst ab. Oder in den Bildern der vorherigen Seiten gesagt, unser Säugetierhirn, Sitz unseres Unbewussten, nimmt auf und erzeugt Gefühle. Und dem Denken geht das Gefühl stets voraus[23], das alte Hirn vergleicht alte emotionale Erfahrungen mit den jetzigen und verhält sich körperlich entsprechend abwehrend oder entgegenkommend. Das Großhirn bekommt wegen der schlechten „Verdrahtung" kaum etwas mit.

Wenn der Mensch nur seinem rational denkenden Hirn vertraut und seine „feinstofflichen" Anziehungs- bzw. Abstoßungsprozesse nicht wahrhaben möchte, wird er krank.

Wandlung:

Sobald sich zwei Menschen treffen, verändern sie sich. Bei jedem Dialog oder bei jeder Berührung werden Meinungen und Gefühle ausgetauscht, welche stets Spuren hinterlassen. Der Mensch befindet sich in einem ständigen Prozess, einer mehr, ein anderer weniger. Aber kein Mensch bleibt, wie er vorher war.

Aber nicht nur der Mensch verändert sich, alles um ihn herum ist stets in einem Wandlungsprozess. *„Die Frustration besteht aus unserer Unfähigkeit, die Grundtatsachen des Lebens einzusehen, dass nämlich alles um uns herum unbeständig und nur ein Übergang ist. „Alle Dinge entstehen und vergehen" (Dhammapada 113) sagte der Buddha, und*

---

22 vgl. Friedemann Schulz von Thun, Miteinander Reden I, S. 13/14, ?. Auflage, Reibeck bei HAnburg 1997

23 vgl. Johannes Schilling, Didaktik/Methodik der Sozialpäd., S. 190, 2. Auflage, Berlin 1995

Ich bin ein rein rational denkender Mensch
Er ist also ein rein rational denkender Mensch
Er legt großen Wert auf Rationalität
Er fühlt sich mir gegenüber sicherlich überlegen
Er möchte sich mit mir bestimmt ausschließlich auf sachlicher Ebene unterhalten
NEU
Magnete sind in
GRIECHISCH
LATEIN
PHYSIK
ALGEBRA

die Wurzeln des Buddhismus ist das Wissen, dass Fließen und Wechsel das Wesen der Natur ausmachen. Nach buddhistischer Ansicht entstehen Leiden immer dann, wenn wir dem Fluss des Lebens widerstreben und uns an feste Formen klammern, die alle Maya sind, seien es Dinge, Ereignisse, Menschen oder Ideen. Diese Lehre von der Unbeständigkeit schließt auch das Wissen ein, dass es kein EGO gibt, kein „Selbst", welches das beständige Subjekt unserer wechselnden Erfahrungen ist. Nach dem Buddhismus ist die Idee eines selbstständigen Individuums eine Illusion, einfach eine andere Form von Maya, ein intellektueller Begriff ohne Realität. Sich an diesem Begriff zu klammern, führt zu der gleichen Frustration wie das Festhalten an irgendeiner anderen fixierten Denkkategorie", [24] schreibt Fritjof Capra in seinem Buch „Das Tao der Physik".

Die Quantentheorie kommt nach unzähligen Experimenten und Beobachtungen zur gleichen Einsicht: *„Makroskopisch gesehen erscheinen die Gegenstände um uns herum passiv und leblos, aber wenn wir solch ein „totes" Stück Stein oder Metall vergrößern, sehen wir, dass es voller Aktivität steckt. Alle Gegenstände um uns herum bestehen aus Atomen, die sich miteinander auf verschiedene Weise verbinden und eine ungeheure Vielfalt von molekularen Strukturen bilden, die entsprechend ihrer Temperatur und Harmonie mit den Wäremeschwingungen ihrer Umgebung vibrieren. In den vibrierenden Atomen sind die Elektronen durch elektrische Kräfte an die Atomkerne gebunden, und sie reagieren auf diese Beschränkung mit äußerst schnellem Herumwirbeln. In den Atomkernen schließlich sind Protonen und Neutronen in einem winzigen Volumen zusammengepresst und rasen, makroskopisch unsichtbar, mit unvorstellbarer Geschwindigkeit umher."*[25] Außerdem scheint es weder „kleinste" Teilchen noch eine Unterscheidung zwischen Materie und leerem Raum zu geben: *„In jüngster Zeit gab es zunehmend Anzeichen dafür, dass Protonen und Neutronen ebenfalls zusammengesetzte Objekte sind, aber die Kräfte, die sie zusammenhalten, sind so stark, oder – was auf dasselbe herauskommt – die Geschwindigkeiten der Bestandteile sind so groß, dass das relativistische Bild angewendet werden muss, wo Kräf-*

24 Fitjof Capra, Das Tao der Physik, S. 99, ?. Auflage, München 1997

25 Fitjof Capra, Das Tao der Physik, S. 193/194, ?. Auflage, München 1997

te gleichzeitig Teilchen sind.“ [26] *„Die Unterscheidung zwischen Materie und leerem Raum musste endgültig aufgegeben werden, als entdeckt wurde, dass virtuelle Teichen spontan aus der Leere entstehen und wieder in die Leere verschwinden können ohne Anwesenheit irgend welcher Nukleonen oder anderer stark wechselwirkender Partikel.‘*[27]

Die relativistischen Physiker gehen sogar soweit, dass sie davon ausgehen, dass wir auf unserer Welt nur drei Dimensionen von einer tatsächlichen vierdimensionalen Wirklichkeit wahrnehmen. *„Um die Vereinigung von scheinbar getrennten Größen zu erfahren, brauchen wir keine Relativitätstheorie. Man kann sie auch erfahren, indem man von einer zu zwei oder von zwei zu drei Demissionen übergeht… … die folgende Abbildung stellt ein Beispiel dar, den Übergang von zwei zu drei Dimensionen. Sie zeigt einen Wulstring, der horizontal von einer Ebene geschnitten wird.*

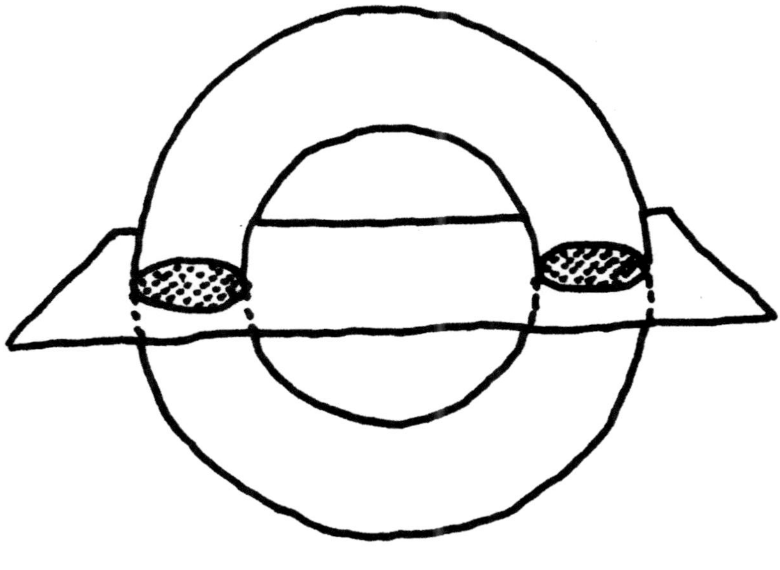

26 Fitjof Capra, Das Tao der Physik, S. 81, ?. Auflage, München 1997
27 Fitjof Capra, Das Tao der Physik, S. 220, ?. Auflage, München 1997

In der zweidimensionalen Ebene erscheinen die Schnitte als völlig voneinander unabhängige Scheiben, aber in drei Dimensionen erkennt man sie als Teile ein und desselben Objekts. Eine ähnliche Vereinigung von anscheinend selbstständigen und unvereinbaren Einheiten wird in der Relativitätstheorie durch den Übergang von drei zu vier Dimensionen erreicht. In der vierdimensionalen Welt der relativistischen Physiker können wir uns jedoch die Einheit nicht mehr gut vorstellen. Physiker können die vierdimensionale Raum-Zeit durch den abstrakten mathematischen Formalismus ihrer Theorien „erfahren", aber ihr bildliches Vorstellungsvermögen ist wie das jeden anderen auf die dreidimensionale Welt der Sinne beschränkt. Unsere Sprache und unsere Denkweise haben sich in dieser dreidimensionalen Welt entwickelt, und daher fällt uns der Umgang mit der vierdimensionalen Realität der relativistischen Physik außerordentlich schwer."[28]

Wenn der Mensch Veränderungen nicht wahrhaben will, sondern alles als sicher, statisch und unveränderbar ansehen möchte, wird er (Sie wissen schon) – dann wird er krank.

Obwohl allein dieser Themenbereich ein ganzes Buch hätte füllen können, hoffe ich, in dieser unvollständigen Kurzfassung aufgezeigt haben zu können, in welcher hilflosen Situation sich Menschen befinden.

28 Fitjof Capra, Das Tao der Physik, S. 148/149, ?. Auflage, München 1997

Wandel in der Zeit

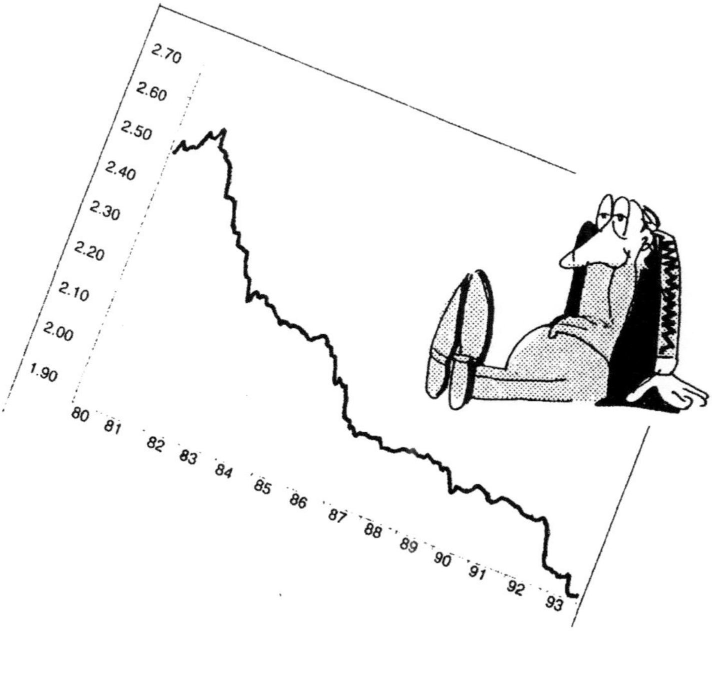

Zusammenfassung:

Der Mensch lebt in einer sich ständig wandelnden Umgebung. Aber auch der Mensch selbst befindet sich im gleichen Prozess der Veränderung, besonders wenn er mit anderen Menschen in Kontakt kommt.

Treten Menschen in Verbindung, ist der Austausch ihrer logisch denkenden Hirne minimal im Vergleich zu dem, was ihre Säugetiergehirne (meist unbewusst) aufnehmen und aussenden. Verbale Sprache, Körpersprache, Mimik, Gestik, usw. verarbeitet dieses alte Hirn wesentlich schneller als das neue rational denkende Hirn. Dummerweise sind diese beiden Gehirnteile nicht gut verkabelt, und **dummerweise ist das alte Hirn für die Körperfunktionen verantwortlich.** *Das heißt, fühlt sich der Mensch gut, bleibt er gesund, fühlt er sich schlecht, wird er krank.*

Neben Hunger, Durst und anderen körperlichen Bedürfnissen, setzt dem Menschen der Sexualtrieb zu. Besonders betroffen sind wahrscheinlich Männer (sie verhalten sich auf jeden Fall so/ kleine Nebenbemerkung). Erst in späten Jahren lässt sie dieser Drang allmählich wieder los. Und zu allem Überfluss weiß der Mensch manchmal selbst nicht, wer er überhaupt ist – ist manchmal fröhlich, manchmal depressiv, fleißig und faul, erkennt sich kaum selbst wieder – spürt unzählige Stimmen in seiner Brust.

Wenn das rational denkende Hirn die anderen Bereiche, die den ganzheitlichen Menschen ausmachen, verdrängt, wird der Mensch, wie bereits erwähnt, krank. Und wenn er krank wird, rennt er zum Arzt, lässt sich irgendwelche Mittelchen verschreiben, damit er wieder gesund wird. Tatsache aber ist, dass er nicht die Ursache behandeln lässt, sondern nur das Symptom. Er wird krank, weil er seine **widersprüchlichen Bedürfnisse** nicht beachtet oder erst gar nicht versteht. Thorwald Dethlefsen beschreibt dies folgendermaßen: *„Ein Auto besitzt verschiedene Kontrolllampen am Armatu-*

renbrett, die nur dann aufleuchten, wenn irgendeine wichtige Funktion des Autos nicht mehr gesetzmäßig funktioniert. Leuchtet nun im konkreten Fall während einer Fahrt ein solches Lämpchen auf, so sind wir hierüber keineswegs erfreut. Trotz unserer verständlichen Beunruhigung wäre es dumm, auf das Lämpchen böse zu sein; schließlich informiert es uns über einen Vorgang, den wir sonst gar nicht so schnell wahrgenommen hätten, da er für uns in einem „unsichtbaren" Bereich liegt."[29]

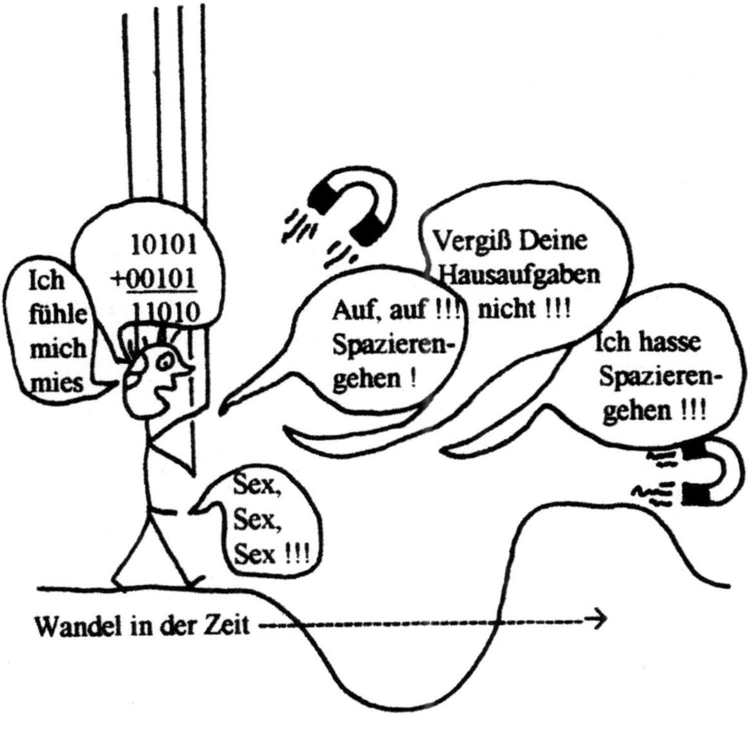

29 Th. Dethlefsen, R. Dahlke, Krankheit als Weg, S. 20/21, ?. Auflage, München 1990

Im Grunde genommen ist der Mensch aufgrund seines Entwicklungsstandes überhaupt noch gar nicht fertig, ein Prototyp, eine Entwicklungsstufe, ein Versuch der Natur – aber durchaus in der Lage, sich nicht zu vervollständigen, sondern alles (sich selbst eingeschlossen) zu zerstören. Nicht umsonst vergleichen einige den Menschen mit einer Krebszelle, die zu allem fähig ist (wie das menschliche Hirn), aber die Abhängigkeit zu ihrer Umwelt zu spät erkennt. Mit anderen Worten: Es ist schön, wenn man sich seinem rational denkenden Hirn bewusst ist, aber man sollte nicht vergessen, sich auch das bewusst zu machen, was einen **ganzen** Menschen ausmacht.

Jetzt ist es an der Zeit, einen Sekt auf Ihre Freiheit zu trinken. Als reines Energiewesen haben Sie ja nichts mit diesen allzu menschlichen Problemen am Hut.

2.1.2 Das seelische Grundbedürfnis nach Liebe

Wie Sie jetzt hoffentlich erkennen konnten, brauchen Menschen sehr viel Zeit und entsprechend viel Freiraum, um sich selbst entdecken zu können. Dies wäre kein Problem, wenn Sie nicht unglücklicher Weise auf andere Menschen angewiesen wären, ja, gar auf ihre Liebe angewiesen wären. Wie Wilhelm Schmid bereits von mir zitiert wurde, möchten diese Wesen lieben und geliebt werden (und regelmäßig eher das letztere als das erstere). Menschen heiraten sogar und versprechen sich ewige Treue, um der Liebe eines anderen Menschen sicher zu sein. Angeblich soll einmal im Mittelalter ein König oder Fürst kleine Kinder, wohl versorgt, aber ohne jegliche Art an Fürsorge, geschweige denn Liebe, bedacht haben. Er wollte so herausfinden, welche Sprache diese Kinder wohl sprechen würden, wenn sie keinerlei Fürsorge erhalten würden. Er tippte auf Latein, das Ergebnis lautete allerdings: Alle Kinder waren gestorben! Erich Fromm schreibt in seinem Buch *„Die Kunst des Liebens"*: *„Eine Liebe, die an keine Bedingungen geknüpft ist, entspricht einer tiefen Sehnsucht nicht nur des Kindes, sondern eines jeden menschlichen Wesens; wenn man dagegen seiner Verdienste wegen geliebt wird, so bleiben immer irgendwelche Zweifel bestehen; vielleicht habe ich es dem, der mich lieben soll, nicht recht gemacht, oder ich habe dies oder jenes falsch gemacht – immer muss ich fürchten, die Liebe könnte vergehen. Außerdem hinterlässt „verdiente" Liebe leicht das bittere Gefühl, dass man nicht um seiner selbst willen geliebt wird, sondern dass man letzten Endes gar nicht geliebt, sondern zu einem bestimmten Zweck benutzt wird."*[30] Wie „Liebe" definiert werden könnte, reiche ich im 2. Teil dieses Buches nach. Jetzt soll „Liebe" erst einmal als „wärmende" Zuneigung betrachtet werden.

---

30 Erich Fromm, Die Kunst des Liebens, S. 69, 49. Auflage, Frankfurt/Main – Berlin 1995

Wenn das rational denkende Hirn versucht, sein Bedürfnis nach Liebe, bzw. „wärmender" Zuneigung eines anderen Menschen zu verdrängen, wird der Mensch auch in diesem Fall krank, oft sogar in großer Intensität. Er könnte bei Verleugnung besonders aggressiv oder depressiv werden, im Extremfall schaltet sein Inneres sogar auf Selbstaufgabe.

Ja, in der Tat – so gute Dienste das rational ausgerichtete Hirn dem Menschen auch zu leisten vermag – werden die Bedürfnisse des ganzheitlichen Menschen dauerhaft und erfolgreich verdrängt, wird der Mensch erst seelisch, später körperlich krank. *„Solange sich Krankheiten, Haß, Wut, Aggression und Komplementärbilder einstellen, sind Lebenskraft und folglich auch Hoffnung vorhanden. Kann der körperliche, seelische und geistige Organismus eines Menschen nicht mehr reagieren, wird auf Selbstvernichtung umgeschaltet, die unter anderem in der Krebskrankheit ihren Ausdruck finden kann."* [31]

31 Meyer, Hermann: Die Gesetze des Schicksals, S.238, ?. Auflage, Basel 1992

Herz -
das Liebe, bzw.
„wärmende“ Zuneigung
gibt und selbst benötigt
Rational denkendes Hirn

2.2. Chaos im Leben der zwei seelischen Grundbedürfnisse

Was könnte nun im Einzelnen passieren, wenn zwei „unwissende“ Menschen in „Liebe“ zusammenkommen möchten?

1. Ein Mensch wird von seinem „Unbewußten“ gelenkt:

... anfangs schien es „Liebe“ zu sein:

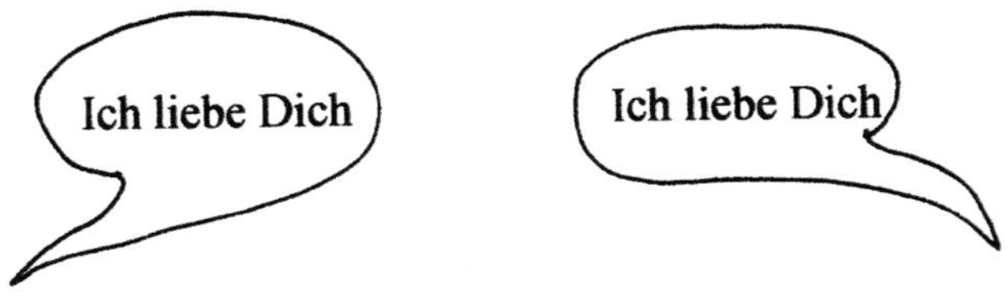

... doch später stellt sich heraus, daß lediglich das Unbewußte einen Streich gespielt hat:

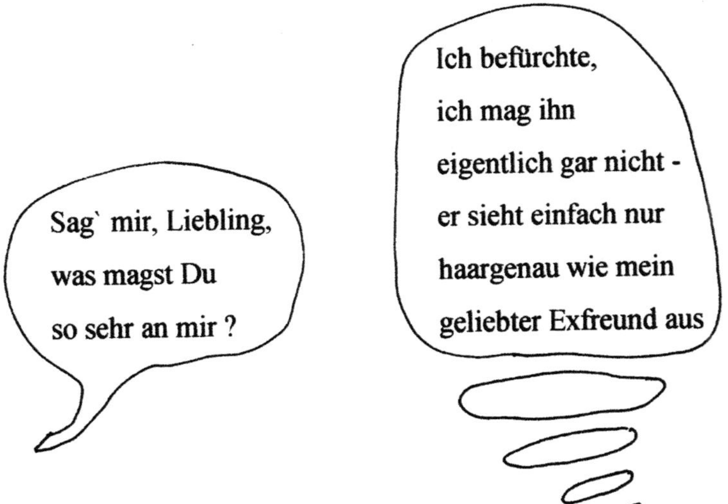

2. Ein Mensch wird von seinem Sexualtrieb geführt:

... anfangs schien es „Liebe" zu sein:

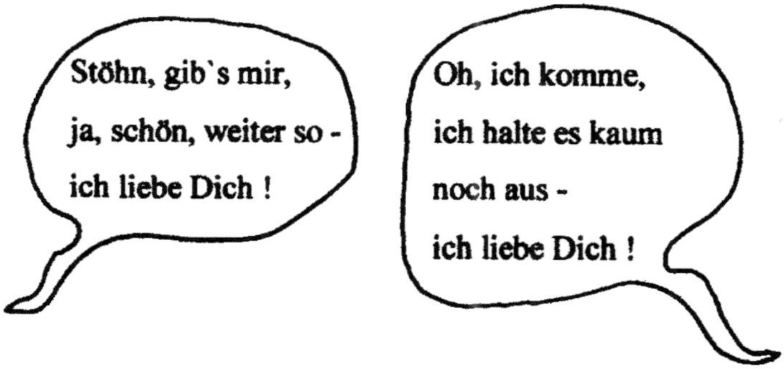

... doch später stellt sich heraus, daß lediglich der Sexualtrieb einen Streich gespielt hat:

3. Ein Mensch wird von seinen inneren Stimmen geführt:

... anfangs schien es „Liebe" zu sein:

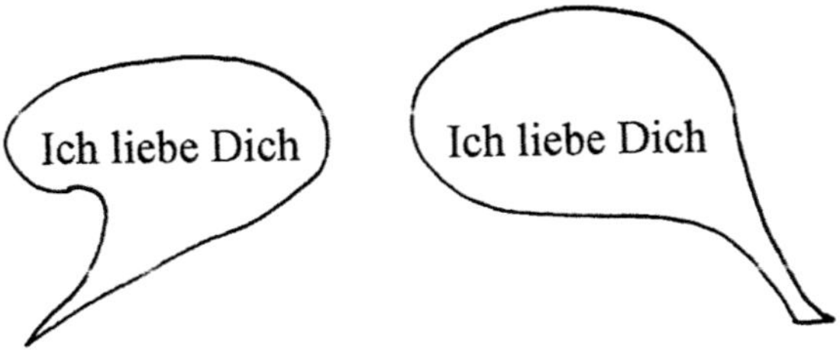

... doch später stellt sich heraus, daß da ein paar Hauptstimmen ganz anderer Meinung sind:

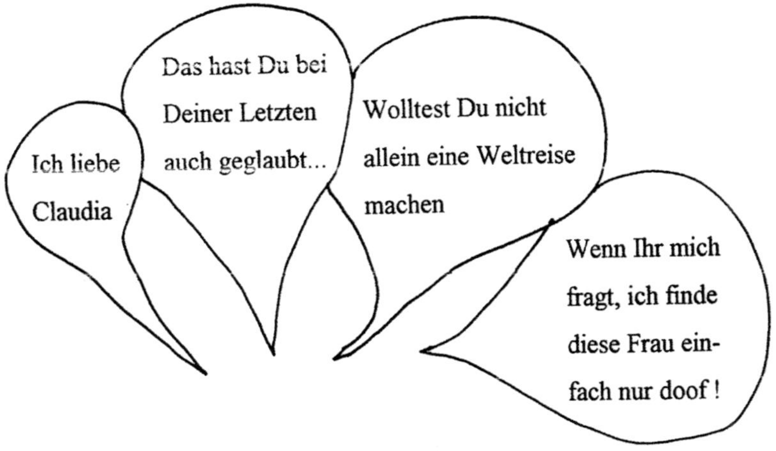

4. Ein Mensch wird von seiner „unbewußten“ Aufmerksamkeit geführt:

... anfangs schien es - Sie wissen schon:

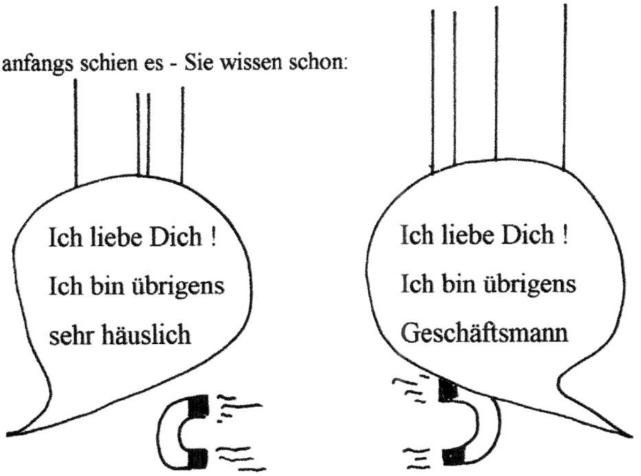

... doch später stellt sich heraus, daß sich lediglich Gegensätze angezogen haben:

5. Ein Mensch wird von Wandlungen in der Zeit geführt:

... nun ja, anfangs schien es halt „Liebe" zu sein:

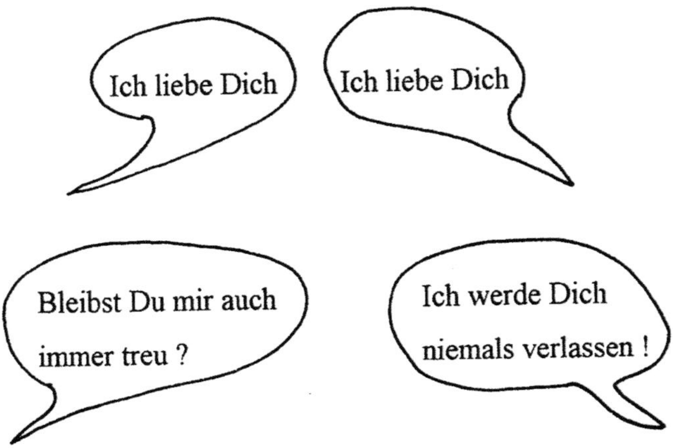

... doch später das böse Erwachen:

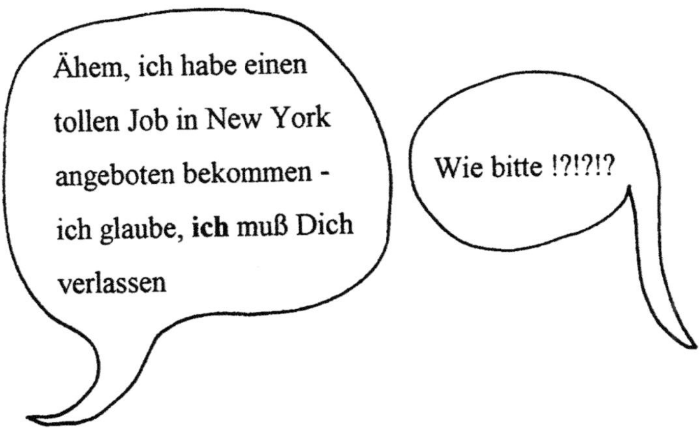

Und jetzt stellen Sie sich bitte eine Gruppe Menschen vor – mit gleichen Problemen im Widerspruch zwischen den seelischen Grundbedürfnissen nach Freiheit und Liebe.

Ok, es gibt bessere Zeichnungen. Aber das soll jetzt nicht das Thema sein.

Für Freiheit werden Befreiungskriege und Revolutionen geführt. Für Freiheit werden Sklavenhalter, bzw. Unterdrücker umgebracht. Für Freiheit bringen sich manche in ausweglosen Situationen selbst um!

Für Liebe werden Kriege und Machtkämpfe geführt. Für Liebe werden Rivalen/innen umgebracht. Für Liebe bringen sich manche in ausweglosen Situationen selbst um.[32] Sehen Sie die Parallelen – wenn diese seelischen Grundbedürfnisse nicht erfüllt sind, wird im Extremfall für ihre Erfüllung gnadenlos gekämpft – obwohl ihre Nichterfüllung **scheinbar** keine existentielle Bedrohung darstellt, wie bei Nichterfüllung der körperlichen Grundbedürfnis-

32 vgl. Lauster, Peter: Die Liebe, S. 95, ?. Auflage, Düsseldorf und Wien 1999

se wie zum Beispiel Hunger, Durst und Erholung!!! Sollte ein körperliches Grundbedürfnis auf Dauer nicht erfüllt werden, stirbt der Körper des Menschen und somit der Mensch selbst. Wird ein seelisches Grundbedürfnis nicht erfüllt, droht offensichtlich auch etwas zu sterben – **der Mensch stirbt von innen!!!**

Aber während ein körperliches Bedürfnis immer gleich bleibt – Durst bleibt Durst, auch wenn man dir ein köstliches Schnitzel auf den Tisch stellt – können sich die seelischen Bedürfnisse ständig ändern: Ich will Dich unbedingt (bis die supergeile Freundin der Angehimmelten auftaucht) –> oh – jetzt will ich die da und Dich nicht mehr!!! - Ich will Freizeit, unbedingt (und nach der Kündigung des Arbeitsplatzes) -> ich langweile mich zu Tode, ich will wieder Arbeit! Ist das nicht ein schönes, harmonisches und hoffnungsvolles Leben!?

Sie, als reines Energie- und Lichtwesen, können sich kaum den menschlichen Konflikt zwischen Freiheit und Liebe vorstellen. Sie, als reines Lichtwesen, sind immer mit allem verwachsen und durchzogen und gleichzeitig auch ein freies Wesen. Es gibt keinen Augenblick, in dem sie irgendetwas von beiden vermissen würden. Der bedauernswerte Halbgott Mensch jedoch lebt im „Entweder – oder" und nicht im „Sowohl – als auch". Der Mensch lebt in sofern im „Sowohl – als auch", als dass ihm sowohl persönliche Freiheit als auch Gemeinschaft und Liebe außerordentlich wichtig sind. **Das heißt, wichtige Grundbedürfnisse des Menschen entsprechen einer „Sowohl – als auch" Natur, die Erfüllung dieser Bedürfnisse ist jedoch nur im „Entweder – Oder" Modus möglich!!!**

Ich hoffe, Sie stellen sich überhaupt noch vor, ein reines Energiewesen zu sein!? Ich sage Ihnen, wenn Sie als Mensch sich das Menschsein betrachten, fühlen Sie sich zwangsmäßig befangen. Sie brauchen Abstand, um sich nicht selbst zu bemitleiden. (Heeresführer befanden sich selten direkt auf dem Schlachtfeld, sondern haben die Schlacht meistens von einer Anhöhe her betrachtet. Nur so behielten sie den Überblick und konnten taktieren. Nur inmitten der Schlacht zu sein würde bedeuten, dem Kriegschaos erlegen zu sein).

Eigentlich gibt es für Sie als Lichtwesen überhaupt keinen Grund als Mensch auf die Erde zu wollen. Wenn es nicht einige Lichtwesen geben würde, die noch ein paar klitzekleine Problemchen mit ihrem „inneren Frieden" haben würden. Dummerweise können Lektionen im Fach „Innerer Frieden" ausschließlich auf der Erde gelernt werden. Zum Lernen braucht man anscheinend einen Körper und ein Gehirn zur Verarbeitung. Und der Optimalzustand des „Inneren Friedens" scheint zu sein, sich als Mensch an seine Lichtgestalt zu erinnern – quasi kein Hinzulernen, sondern eher ein Zurückerinnern. Was eigentlich auch einen Sinn macht: Stellen Sie sich einmal vor, Sie befänden sich auf der Erde, wo alle Menschen dem Glauben erlegen sind, sie wären „getrennt" und sterblich. Nur sie wüssten, dass Sie unsterblich sind und ihr Körper lediglich eine Art Kleidung für Ihre wahre Natur als Lichtwesen darstellen würde. Ihr unsterbliches Zuhause wäre quasi immer bei Ihnen. Sie bräuchten noch nicht einmal gehen, Sie wären ja bereits schon da, Sie müssten lediglich Ihr Bewusstsein verlagern. **Sie könnten aus jedem Erdenleben ein Abenteuer machen!** Hierfür muss es mehrere Lektionen geben, die erlernt werden sollen. Ausschließlich aus dem Grund heraus, seinen persönlichen „inneren Frieden" zu optimieren, bereiten sich manche Lichtwesen darauf vor, sich in die irdische Lebensschule zu begeben. Hierfür suchen sie sich bereits als Lichtwesen die für ihre jeweilige „Lebensaufgabe" am besten geeigneten Menscheneltern aus.

Sobald ein Lichtwesen die menschliche Gestalt annimmt, verliert es alle Erinnerungen und ist augenblicklich der menschlichen Natur ausgeliefert. Erst mit dem menschlichen Tod erlangt es seine Energiegestalt zurück. Aber auch dieses Wissen ist in seiner menschlichen Laufbahn verschollen. Das Lichtwesen, als neugeborener Mensch, wird sich noch kurz an seine Verbundenheit mit allem erinnern (wenn man Babys beobachtet, kann man dies auch erahnen), doch allmählich erliegt es dem Glauben der „Trennung". An eine Frage sollte man sich deshalb als menschgewordene Lichtgestalt möglichst erinnern: *„Weshalb wurde ich ausgerechnet in meine Familie geboren?"* [33]

James Redfield bietet in seinem Handbuch zu den „Neun Erkenntnissen" (welche in einem weiteren Werk „Prophezeiungen von Celestine" in Romanform zu finden sind) Übungen zum Einzelstudium an. *„Ziel dieser Übung ist es, ein Profil der Errungenschaften, Eigenschaften, Anschauungen, Schwächen und der unerledigt gebliebenen Angelegenheiten unserer Eltern zu erstellen, so wie Sie diese Dinge während Ihrer Kindheit wahrgenommen haben. Gelingt es Ihnen, die höhere Bedeutung im Leben Ihrer Eltern aufzufinden, so werden Sie es einfacher haben zu verstehen, in welchem Maße das Leben Ihrer Eltern Sie auf Ihre Lebensaufgabe vorbereitete. Am besten nähern Sie sich dieser Übung, indem Sie annehmen, dass hinter den Umständen Ihrer frühen Entwicklung eine positive Intension stand."* [34]

Verfolgen wir nun ein Lichtwesen, das sich entschieden hat, auf der Erde für die Optimierung seines „inneren Friedens" zu lernen. Der erste Gedanke könnte sein: Der arme Kerl, warum tut er sich das an!?!?

---

33 James Redfield, Das Buch von Celestine, S. 448, 2. Auflage, München 2000
34 James Redfield, Das Buch von Celestine, S. 478, 2. Auflage, München 2000

Der zweite Gedanke: Der Glückliche – wenn er sich in diesem Menschenleben tatsächlich zurückerinnern könnte!!! Und dann vielleicht seinen Mitmenschen helfen könnte, sich ebenfalls zurückzuerinnern!!!

Ein neuer Mensch wird geboren

Wie ich aus dem Buch „emotionale Intelligenz" von Daniel Goleman bereits zitiert habe, reift der Mandelkern (Teil des alten Hirns, eigene Ergänzung) beim Kleinkind rasch, und schon bei der Geburt ist er fast vollständig ausgeformt. Das heißt, der Teil des Gehirns, der für die Gefühle zuständig ist, nimmt kontinuierlich von der Außenwelt auf, während sich das menschliche, das neue Hirn noch in seinen Entwicklungsanfängen befindet. Laut Ken Keyes kann ein Kind bereits im letzten Teil der Schwangerschaft die Stimmen von Mutter und Vater erkennen, unterscheiden und genau erkennen, ob es erwünscht ist oder nicht und ob die Beziehung von Mutter und Vater harmonisch ist.[35]

Mit der Geburt kann das Kind (leider viel zu selten) die bedingungslose Liebe der Mutter spüren. Der kleine Mensch befindet sich laut Haville Hendrix von der Geburt an bis zum 1 ½ Lebensjahr in der Entwicklung von emotionaler Sicherheit.[36]

Vielleicht hat das Kind in dieser Phase noch das Glück gehabt, die bedingungslose Liebe erfahren zu dürfen, dies kann sich aber ab dem 1 ½ - spätestens jedoch ab dem 3. Lebensjahr drastisch ändern. Nach der Erforschungsphase für die Entwicklung von Neugier und Selbstbewusstsein, beginnt ab dem 3. Lebensjahr, laut Haville Hendrix, die Identitätsphase zur Entwicklung und Erprobung des Selbstbewusstseins.[37]

Hier endet oft die bedingungslose Liebe; denn die bedingungslo-

---

35 vgl. Ken Keyes, Das Handbuch zum Glücklichsein, S.61, ?. Auflage, München 1998

36 vgl. Ken Keyes, Das Handbuch zum Glücklichsein, S.71, ?. Auflage, München 1998

37 vgl. Ken Keyes, Das Handbuch zum Glücklichsein, S.71, ?. Auflage, München 1998

se „Mutterliebe" ist oft nur Liebe zum Hilflosen.[38] Ähnlich sieht es auch M. Scott Peck in seinem Buch „Der wunderbare Weg": *„Sobald das Kind seinen eigenen Willen zu behaupten beginnt – es gehorcht nicht, ist weinerlich, will nicht spielen, mag gelegentlich nicht umarmt werden, entwickelt Bindungen an andere Menschen und unternimmt auf eigene Faust die ersten Schritte in die Welt hinaus- , hört die Liebe der Mutter auf. Sie verliert das Interesse an dem Kind, zieht ihre Besetzung von ihm ab, nimmt es nur noch als lästig wahr. Gleichzeitig verspürt sie oft ein überwältigendes Bedürfnis, erneut schwanger zu werden, ein neues Baby, ein neues Haustier zu haben.'*[69]
Mit der Erprobung des eigenen ICHs und der Äußerung der eigenen Wünsche und Bedürfnisse, kann die **bedingungslose Liebe** leicht in die so genannte „väterliche Liebe", in die **bedingte Liebe** umkippen, bei der der Grundsatz lautet: *„Ich liebe dich, weil du meinen Erwartungen entsprichst, weil du deine Pflicht erfüllst, weil du mir ähnlich bist.'*[40] Ab jetzt muss sich das Kind die Liebe verdienen. Andererseits kann es etwas dazu beitragen, um sich diese Liebe zu verdienen. Es steht in der Macht des kleinen Menschen Liebe zu bekommen, während sich die mütterliche Liebe außerhalb seiner Macht befindet.[41] Auf jeden Fall hat das Kind meistens eins verloren, nämlich das Gefühl, die Gewissheit, das Vertrauen, so geliebt zu werden, wie es ist - auch wenn es anders ist, als es sich die Eltern vielleicht erwünscht hatten. Der Kampf um Liebe beginnt.

Und gleichzeitig der Kampf um Freiheit, weil der kleine Mensch erfahren konnte (musste), dass er nicht mit allem verbunden und verwachsen ist, sondern ein Individuum mit eigenen Wünschen und Gefühlen darstellt. Es entsteht ein Balanceakt zwischen den

38 vgl. Erich Fromm, Die Kunst des Liebens, S. 85, 49. Auflage, Frankfurt/ Main – Berlin 1995

39 M. Scott Peck, Der wunderbare Weg, S. 107, 2. Auflage, München 1989

40 Erich Fromm, Die Kunst des Liebens, S. 71, 49. Auflage, Frankfurt/Main – Berlin 1995

41 vgl. Erich Fromm, Die Kunst des Liebens, S. 71, 49. Auflage, Frankfurt/ Main – Berlin 1995

Polen Liebe und Freiheit:

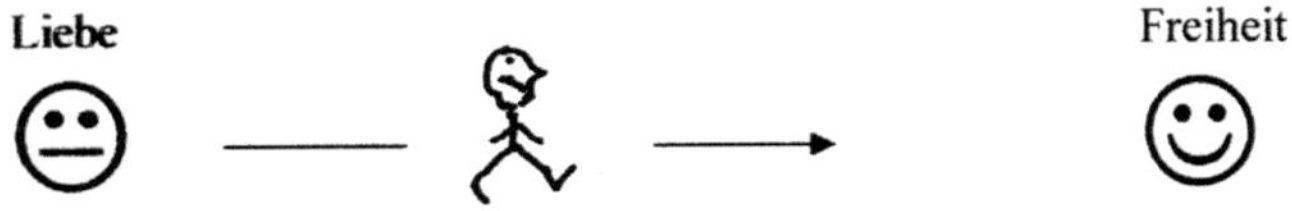

Oder als Werte- und Entwicklungsquadrat nach Friedemann Schulz von Thun

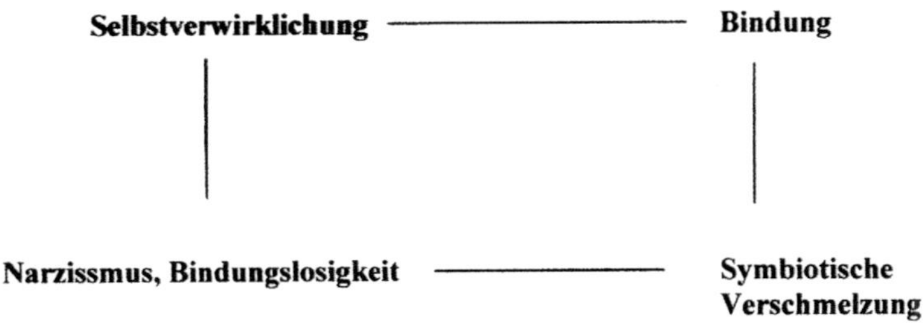

[42]

42 vgl. Friedemann Schulz von Thun, Miteinander reden 2, S. 51, ?. Auflage, Reinbeck bei Hamburg 1997

„Wahre Mutterliebe besteht darin, für das Wachstum des Kindes zu sorgen, und das bedeutet, dass sie selbst wünscht, dass das Kind von ihr loskommt"[43] beschreibt Erich Fromm einen Idealzustand.

In vielen Familien laufen allerdings andere Erziehungsprogramme ab:

1. Selbstlose Liebe: *„Das Wesen der Selbstlosigkeit kommt besonders deutlich in ihrer Wirkung auf andere zum Ausdruck und in unserer Kultur speziell in der Wirkung, die eine solche „selbstlose" Mutter auf ihre Kinder hat. Sie meint, durch ihre Selbstlosigkeit würden ihre Kinder erfahren, was es heißt, geliebt zu werden, und sie würden ihrerseits daraus lernen, was lieben bedeutet. Die Wirkung ihrer Selbstlosigkeit entspricht jedoch keineswegs ihren Erwartungen. Die Kinder machen nicht den Eindruck von glücklichen Menschen, die davon überzeugt sind, geliebt zu werden. Sie sind ängstlich, nervös und haben ständig Angst, die Mutter könnte mit ihnen nicht zufrieden sein und sie könnten ihre Erwartungen enttäuschen. Meist werden sie von der versteckten Lebensfeindlichkeit ihrer Mutter angesteckt, die sie mehr spüren, als klar erkennen, und schließlich werden auch sie ganz davon durchdrungen. Alles in allem wirkt eine derart selbstlose Mutter auf ihre Kinder kaum anders als eine selbstsüchtige, ja, die Wirkung ist häufig noch schlimmer, weil ihre Selbstlosigkeit die Kinder daran hindert, an ihr Kritik zu üben. Sie fühlen sich verpflichtet, sie nicht zu enttäuschen, so wird ihnen unter der Maske der Tugend eine Abscheu vor dem Leben beigebracht."*[44]

2. Das Beste geben: *„…namentlich in jenen Fällen, wo die Eltern einen wahren Fanatismus dreinsetzen, stets und immer ihr „Bestes" für die Kinder zu tun und „nur für sie zu leben". Dieses so oft gehörte Ideal verhindert die Eltern auf wirksamste, sich selber zu entwickeln, und es befähigt sie, ihr eige-*

43 Erich Fromm, Die Kunst des Liebens, S. 83, 49. Auflage, Frankfurt/Main – Berlin 1995

44 Erich Fromm, Die Kunst des Liebens, S. 99/100, 49. Auflage, Frankfurt/ Main – Berlin 1995

nes „Bestes" den Kindern aufzudrängen. Was aber in Wirklichkeit dieses so genannte Beste ist, das ist das, was die Eltern bei sich selber in höchstem Maße vernachlässigt haben. Die Kinder werden so zu Leistungen angespornt, welche die Eltern nie vollbracht haben, und es werden ihnen Ambitionen aufgedrängt, welche die Eltern nie erfüllt haben. Solche Methoden und Ideale erzeugen erzieherische Monstrositäten."[45]

3. Erziehungsmethode: *„Du sollst tun, was ich sage, nicht, was ich tue.*"[46] *„Häufig ist ihr eigenes Leben (das Leben der Eltern, eigene Ergänzung) offenkundig in Unordnung, und daher ergeben ihre Versuche, das Leben ihrer Kinder zu ordnen, für diese Kinder wenig Sinn. Wenn der Vater die Mutter regelmäßig schlägt, welchen Sinn hat es dann, wenn die Mutter den Sohn schlägt, weil dieser seine Schwester verprügelt hat? Ist es überzeugend, ihm zu sagen, er müsse lernen, seine Wut zu beherrschen?*"[47]

4. Falsches Geschlecht: *„Die meisten Väter wünschen sich Söhne, mit denen sie ihre Knabenspiele wiederholen können. Auf Mädchen sind sie nicht vorbereitet. Mit ihnen können sie selten etwas anfangen. Das gibt Mädchen ein Gefühl der Unzulänglichkeit; wie sollten sie da Forderungen an den Vater stellen oder mit seiner Hilfe echte Stärke erlangen?*"[48]

Dies stellt lediglich eine kleine Auswahl von ungünstigen Erziehungsmethoden dar. Allerdings zeigen diese Beispiele auch, dass solche Erziehungsmethoden meistens keine mutwillige „Falscherziehung" entsprechen, sondern Unwissenheit der Eltern, eigene Erziehungserfahrungen der Eltern, Überlastung der Eltern. Deshalb betont C. G. Jung: *„Unser Erziehungsproblem leidet allgemein* am einseitigen Hinweis auf das zu erziehende Kind *und an der ebenso*

45 C.G. Jung, Wirklichkeit der Seele, S. 100, 4. Auflage, München 1997
46 M. Scott Peck, Der wunderbare Weg, S. 21, 2. Auflage, München 1989
47 M. Scott Peck, Der wunderbare Weg, S. 21, 2. Auflage, München 1989
48 Christa Mulack, Die Wurzeln weiblicher Macht, S. 52, ?. Auflage, München 1996

einseitigen Nichtbetonung der Ungezogenheit der erwachsenen Erzieher.“[49]

Und weil der kleine Mensch auf die Liebe von höchstens zwei Erziehern (Vater/Mutter) oder gar nur eines Erziehers (allein erziehende Mutter /-r Vater) angewiesen ist, wird er sich den Bedingungen des/der Erziehers/Erziehern anpassen. *„Die menschliche Seele ist sehr sensibel; Angst vor Strafe und Liebensverlust kann sie nicht lange aushalten, Anklammern dagegen vermittelt Sicherheit und Ruhe, Loslassen führt in drohende Unsicherheit.“*[60] Dementsprechend wird das Kind eigene Interessen zurückstellen müssen. Liebe auf Kosten der Freiheit; hier kann der Lauf vieler seelischer Krankheiten beginnen: Eigene Wünsche, Wertvorstellungen und Bedürfnisse müssen der Liebe willen verdrängt werden. Wünsche, Wertvorstellungen und Bedürfnisse der Eltern werden angenommen und schleichen sich im Laufe der Zeit als scheinbar eigene Wünsche, Wertvorstellungen und Bedürfnisse in das Unter- (Nicht-) bewusstsein des wehrlosen Kindes ein: *„Oft haben sie (die Kinder, eigene Ergänzung) sich an ihre Selbstentfremdung so gewöhnt, dass sie ihnen vertraut geworden ist und diesen Zustand verwechseln mit dem Gefühl in sich gegründeter Sicherheit und Vertrautheit mit sich selbst.“*[61]

Das **Über – ICH** wird geboren. Was dem Kind anfangs von außen diktiert wurde, ist nun Bestandteil seines Inneren. Auch wenn die Eltern sterben sollten – ihre Wünsche, Wertvorstellungen und Bedürfnisse haben in ihren Kindern überlebt.

Wenn diese Kinder nun erwachsen werden, haben sie nicht nur ihre Last mit ihren beiden widersprüchlichen seelischen Grundbedürfnissen, sondern zusätzlich noch einen Rucksack voller „geerbter“

---

49 C. G. Jung, Wirklichkeit der Seele, S. 98, 4. Auflage, München 1997
50 Peter Lauster, Wege zur Gelassenheit, S. 19, 4. Auflage, Düsseldorf 1997
51 Christa Mulack, Die Wurzeln weiblicher Macht, S. 107, ?. Auflage, München 1996

Wünsche, Wertvorstellungen und Bedürfnisse ihrer Eltern.
Anthony de Mello rät seinen Lesern in seinem Heftlein „Wie ein Fisch im Wasser“: *„…was erforderlich ist, ist nicht Lernen, sondern Verlernen…*“[62]
Gelingt dies nicht, oder wird diese Problematik nicht erkannt, wird der Rucksack von einer Partnerbeziehung in die nächste mitgeschleppt. Anhand eines Beispiels werde ich Ihnen schildern, wie dies aussehen könnte. Sie werden sehen, dass die Probleme aus der Kindheit lediglich auf anderen Ebenen immer wieder durchgespielt werden, Es bildet sich im Laufe der Zeit ein Muster, nur mit neuen Darstellern – *„Charakter + Zeit = Schicksal.*“[63]

Passenderweise hat Hermann Meyer sein Buch „Die Gesetze des Schicksals“ genannt. Hier werden folgende Gesetzmäßigkeiten vorgestellt: Das Gesetz der Entwicklung, das Gesetz des Ausgleichs, das Gesetz der Wiederkehr des Verdrängten, das Gesetz der Affinität, das Gesetz der Anziehung, das Gesetz von Ursache und Wirkung, das Gesetz der Bestätigung, das Gesetz der negati-

52 Anthony de Mello, Wie ein Fisch im Wasser, S. 103, ?. Auflage, Freiburg 1996

53 Thorwald Dethlefsen, Rüdiger Dahlke, Krankheit als Weg, S. 135, ?. Auflage, München 1990

ven und positiven Verstärkung, das Gesetz von Inhalt und Form und das Gesetz des Denkens und Glaubens. Wenn ein Kind während seiner Anpassung an seine Eltern einen Lebensbereich verdrängen musste oder nicht leben durfte, könnte es zu folgenden Beispiel kommen. *„Ist etwa eine junge Frau sehr unselbstständig und in ihrer Handlungsfähigkeit eingeschränkt, so ist es möglich, dass entsprechend diesem Defizit vor ihrem geistigen Auge das Komplementärbild eines Mannes auftaucht, der unternehmerische Fähigkeiten aufweist und im Handeln überaus geschickt vorzugehen vermag. Nach diesem Komplementärbild wählt sie nun in der Begegnung aus, d.h. es fallen all die Anwärter durch ihr geistiges Sieb, die über diese Qualitäten nicht verfügen…'*[64] Robin Norwood beschreibt die Situation von Frauen, die zu sehr lieben: *„Als Faustregel gilt: Je schwieriger es für Sie ist, eine Beziehung zu beenden, die Ihnen nicht gut tut, desto mehr Elemente Ihrer Kindheitsproblematik sind darin enthalten. Indem Sie zu sehr lieben, versuchen Sie, Ihre alten Gefühle von Angst, Wut, Frustration und Schmerz zu überwinden. Die Beziehung abzubrechen hieße demnach, auf die wertvolle Chance zu verzichten, für erlittenes Unrecht entschädigt zu werden und endlich Ruhe zu finden… …Durch langjährige intensive Gewöhnung haben wir gelernt, dem Schmerz immer den Vorrang zu geben. Ein gesünderer, liebevoller Mann kann keine wichtige Rolle in unserem Leben spielen, solange wir nicht gelernt haben, auf das Bedürfnis nach ständiger Wiederholung unserer Kindheitstraumen zu verzichten.'*[65]

Während wir tatsächlich versuchen sollten, auf das Bedürfnis nach ständiger Wiederholung unserer Kindheitstraumaten zu verzichten, schultern wir bereits einen anderen Rucksack: den Rucksack unserer Gesellschaft.

Wir befinden uns zurzeit mitten im Kapitalismus, im Zeitalter des patraichalischen

(Männer-) Denkens[56] [57], des Habens, der *„Marketing – Charaktere"*

54 Hermann Meyer, Die Gesetze des Schicksals, S. 62, ?. Auflage, Basel 1992

55 Robin Norwood, Wenn Frauen zu sehr lieben, S. 130, 132 ?. Auflage, Hamburg 1990

56 vgl. Erich Fromm, Haben oder Sein, S. 141, 24. Auflage, München 1995

57 vgl. Christa Mulack, Die Wurzeln weiblicher Macht, S. 126, ?. Auflage,

[58] Das Besitzenwollen beschränkt sich dabei nicht auf materielle Dinge, sondern auch auf Lebewesen. *„Die Antwort liegt in der Ausdehnung des Besitzbereichs auf Freunde, Liebespartner, Gesundheit, Reisen, Kunstgegenstände, auf Gott und das eigene ICH."* [59] *„ Der Erfolg hängt weitgehend davon ab, wie gut sich ein Mensch auf dem Markt verkauft, ob er „gewinnt" (im Wettbewerb…), wie anziehend seine „Verpackung" ist, ob er „heiter", „solide", „zuverlässig" und „ehrgeizig" ist, aus welchem Milieu er stammt, welchem Klub er angehört und ob er die „richtigen" Leute kennt …das oberste Ziel des Marketing – Charakters ist die vollständige Anpassung, um unter allen Bedingungen des Persönlichkeitsmarktes begehrenswert zu sein. Der Mensch dieses Typus hat nicht einmal ein ICH (wie die Menschen des 19. Jahrhunderts), an dem er festhalten könnte, das Ihm gehört, das sich nicht wandelt. Denn er ändert sein ICH ständig nach dem Prinzip: „Ich bin so, wie du mich haben möchtest."*[60] Also geht der Mensch gar nicht mehr davon aus, so wie er ist, geliebt zu werden, sondern passt sich immer und immer wieder den jeweiligen „Marktbedingungen" an. Dies ist heutzutage auch dringend notwendig, denn man kauft nicht, wie früher, um zu behalten, sondern nach der Devise: *„Neu ist schön …Verbrauchen, nicht bewahren!"*[61] Wie mit Waren – so auch mit Menschen!!!

Damit diese „Rechnung" auch aufgeht, muss der „Eigenwille" der Kinder gebrochen werden, um sicherzustellen, dass sie später als Bürger wunschgemäß funktionieren.[62] Wer funktionieren will, darf nicht fühlen. *„Die Herrschaft des rein verstandesmäßigen, manipulativen Denkens entwickelt sich parallel zu einem Schwund des Gefühlslebens. Da es nicht gepflegt und gebraucht wird, sondern das optimale Funktionieren eher behindert, ist das Gefühlsleben verkümmert, bzw. auf der Entwicklungsstufe*

München 1996

58 Erich Fromm, Haben oder Sein, S. 141, 24. Auflage, München 1995

59 Erich Fromm, Haben oder Sein, S. 74, 24. Auflage, München 1995

60 Erich Fromm, Haben oder Sein, S. 142, 24. Auflage, München 1995

61 Erich Fromm, Haben oder Sein, S. 75, 24. Auflage, München 1995

62 vgl. Erich Fromm, Haben oder Sein, S. 118, 24. Auflage, München 1995

des Kindes stehen geblieben. Die Folge ist, dass Marketing – Charaktere in Gefühlsdingen merkwürdig naiv sind. Oft fühlen sie sich von „emotionalen“ Menschen angezogen, aber aufgrund ihrer Naivität können sie nicht unterscheiden, ob diese echt sind oder schwindeln. Das erklärt vielleicht, warum im geistig – seelischen – und religiösen Bereich so viele Schwindler Erfolg haben, es mag auch erklären, warum Politiker, die starke Gefühle zum Ausdruck bringen, den Marketing- Charakter stark beeindrucken – und warum dieser nicht zwischen einem echten religiösen Menschen und einem Public – relations – Produkt unterscheiden kann, das religiöse Gefühle nur vortäuscht.“[63]

Die beiden Rücksäcke werden zu Hauptstimmen (Hal und Sidra Stone: Du bist viele) bzw. zum Über – ICH (Siegmund Freud) und gehören zu den vielfältigen Persönlichkeiten des Menschen. Sie entstehen, um verletzliche Stimmen im Menschen zu schützen, deshalb werden sie auch „Beschützer / Bewacher genannt.[64] Allerdings verdrängen sie zumeist die natürlichen Stimmen. Im Freiheit / Liebe Konflikt, mit Überbetonung des menschlichen Hirns und Verdrängung der Gefühle, im Eltern-, Beziehungs- und Gesellschaftsdrama – in diesem Brei – entwickeln sich allmählich neue Ideen, ein Gemisch aus Gefühlen und Gedanken – irrationale Überzeugungen.

Albert Ellis zählt in seinem Buch „Grundlagen und Methoden der Rational – Emotiven Verhaltenstherapie“ zehn irrationale Überzeugungen auf: „

1. *Die Meinung, es sei für jeden Erwachsenen absolut notwenig, von praktisch jeder anderen Person in seinem Umfeld geliebt und anerkannt zu werden.*
2. *Die Meinung, dass man sich nur dann als wertvoll empfinden dürfe, wenn man in jeder Hinsicht kompetent, tüchtig und leistungsfähig*

63 Erich Fromm, Haben oder Sein, S. 144, 24. Auflage, München 1995
64 vgl. Stone, Hal und Sidra, Du bist viele, S. 124 ff., 3. Auflage, München 1997

ist.

3. *Die Idee, dass bestimmte Menschen böse, schlecht und schurkisch seien und für ihre Schuldigkeit streng zu rügen und bestrafen seien.*
4. *Die Vorstellung, dass es schrecklich und katastrophal ist, wenn die Dinge nicht so sind, wie man sie gerne haben möchte.*
5. *Die Vorstellung, dass menschliches Leiden äußere Ursachen haben und dass der Mensch wenig Einfluss auf seinen Kummer und seine psychischen Probleme nehmen könne.*
6. *Die Überzeugung, dass man sich über tatsächliche oder eingebildete Gefahren große Sorgen machen, sich ständig mit der Möglichkeit ihres Eintretens befassen müsse.*
7. *Die Meinung, es sei leichter, bestimmten Schwierigkeiten auszuweichen, als sich ihnen zu stellen.*
8. *Die Vorstellung, dass man sich auf andere verlassen sollte und dass man einen Stärkeren braucht, auf den man sich stützen kann.*
9. *Die Vorstellung, dass die eigene Vergangenheit entscheidenden Einfluss auf unser gegenwärtiges Verhalten hat und dass etwas, das sich früher einmal auf unser Leben auswirkte, dies auch weiterhin tun müsse und*
10. *Die Neigung, sich über die Probleme und Verhaltensschwierigkeiten andere Leute aufzuregen.*‘[65]

Auch zeigt Albert Ellis „*ABC – Modell*“[66], dass der Mensch nach einem Außenreiz erst mit Gefühlen reagiert, also nicht mit seinem logisch denkenden Gehirnteil. Albert Ellis hat neben weiteren Büchern auch ein Buch mit dem Titel „Training der Gefühle“ herausgebracht, in dem er diese irrationalen Grundüberlegungen hinterfragt und versucht aufzulösen.[67]

65 Albert Ellis, Grundlagen und Methoden der Rational- Emotiven Verhaltenstherapie, S. 134ff., ?. Auflage, München 1997
66 Albert Ellis, Grundlagen und Methoden der Rational- Emotiven Verhaltenstherapie, ?. Auflage, München 1997
67 vgl. Albert Ellis, Training der Gefühle, ?. Auflage, Landsberg am Lech 1996

Neben irrationalen Behauptungen beginnt auch eine „Teufelsspirale“, die uns auf Ewigkeit in die falsche Richtung lenken kann:

1. Gedanke: Ich werde nicht akzeptiert, wie ich bin

2. Gedanke: Ich muss mich anpassen

3. Gedanke: Dafür müssen sich andere mir anpassen

4. Gedanke: Der Andere, der mit mir in Verbindung tritt, denkt: Ich werde nicht akzeptiert, wie ich bin…

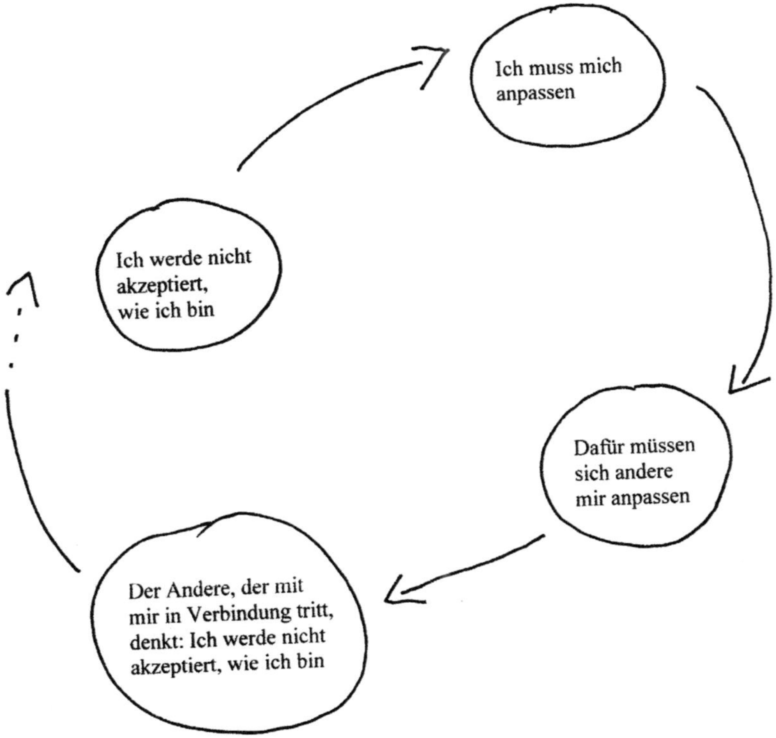

Zusammenfassung:

Der Mensch lebt in einer sich ständig wandelnden Umgebung. Aber der Mensch selbst befindet sich im gleichen Prozess der Veränderung, besonders wenn er mit anderen Menschen in Kontakt kommt.

Treten Menschen in Verbindung, ist der Austausch ihrer logisch denkenden Hirne minimal im Vergleich zu dem, was ihr „Säugetierhirn" (meist unbewusst) aufnimmt und aussendet. Verbale Sprache, Körpersprache, Mimik, Gestik, usw. verarbeitet dieses alte Hirn wesentlich schneller als das neue logisch denkende Hirn. Dummerweise sind diese beiden Gehirnteile nicht gut verkabelt. Das heißt, fühlt sich der Mensch gut, bleibt er gesund, fühlt er sich schlecht, wird er krank. Und das logisch denkende Hirn hat oft überhaupt keine Ahnung, warum man sich krank fühlt.

Neben Hunger, Durst und anderen primären körperlichen Bedürfnissen, setzt dem Menschen besonders der Sexualtrieb zu. Und zu allem Überfluss wissen die Menschen manchmal selbst gar nicht, wer sie überhaupt sind – sind manchmal fröhlich, manchmal depressiv, fleißig und faul, erkennen sich kaum selbst wieder.

Mit der Selbstfindung müssen die Menschen als kleine, hilflose Kinder auf bedingungslose Liebe verzichten. An ihre Stelle tritt die verdiente, die bedingte Liebe, die sie zwingt, ihre eigenen Wünsche und Gefühle zurückzustellen und sich entsprechend der Wünsche und Bedürfnisse ihrer Eltern anzupassen. Denn sie benötigen ihre Liebe. Es kommt zur Selbstentfremdung und zum Über – ICH. Entsprechend tendieren sie dazu, Partner mit ähnlichen Problemen für intime Beziehungen auszusuchen und zwingt sie in ein Verhaltensmuster, welches eigentlich nicht ihrem natürlichen Verhalten entspricht.

Zudem hat der Kapitalismus als extreme Gesellschaftsform prägenden Einfluss und formt Menschen zu funktionstüchtigen Wesen, die nicht von ihren Gefühlen dominiert werden. Es schleichen sich irrationale Gedanken ein, die ein Gemisch aus eigenen Gefühlen und Außeneindrücken darstellen.

Wie bereits in der ersten Zusammenfassung ausgeführt, kann ich hier nur einen groben Umriss zeichnen, um möglichst viele Komponenten aufzuzeigen, die auf den „hilflosen" Menschen einwirken.

Man kann gut nachvollziehen, dass sich viele Menschen in diesem „Chaos" als „schuldig" ansehen, weil sie selbst anderen Menschen mehr oder weniger viel Leid angetan haben, ihren eigenen Idealen nicht treu sein konnten und können – und tausend andere Gründe, die es sonst noch gibt, sich selbst als „schuldig" zu erklären. *„Wenn du dich selber ansiehst und ehrlich beurteilst, was du tust, gerätst du vielleicht in Versuchung, dich zu fragen, wie du schuldlos sein kannst. Doch bedenke dies: du bist nicht schuldlos in der Zeit, sondern in der Ewigkeit. Du hast in der Vergangenheit gesündigt, aber es gibt keine Vergangenheit.* **Immer** *hat keine Richtung. Die Zeit scheint in eine Richtung zu verlaufen, doch wenn du an ihr Ende kommst, wird sie sich wie ein langer Teppich aufrollen, der sich entlang der Vergangenheit hinter dir erstreckt, und wird verschwinden...‘*[68] Aber unsere Schuldlosigkeit können wir auch in der Zeit erkennen. *„In Anbetracht unserer Verletzungen, des erlebten Leids und des in der Kindheit nötigen falschen Selbst geben wir alle ohnehin unser Bestes, so gut wir es eben können.‘*[69] Die so genannte „Schuld" stellt lediglich das Ausgeliefertsein der natürlichen Widersprüche dar. Den Begriff „Schuld" sollte man deshalb auch in „Ohnmacht" umbenennen. Wie im Menschenbild dargestellt, beeinflusst der Mensch sein eigenes Leben weitaus weniger, als er glaubt. Somit kann er auch nur bedingt für „verantwortlich" erklärt werden. Die meisten Menschen kennen noch nicht einmal diese Widersprüche, denen Sie tagtäglich ausgesetzt sind – und selbst wenn sie sie kennen würden, blieben sie ihnen weiterhin ausgeliefert. Es geht ausschließlich darum, mit diesen vorhandenen Widersprüchen, die aus Erziehung und gesellschaftlichen Problemen resultieren, besser leben zu können.

---

68 Ein Kurs in Wundern, Textbuch S. 237 ff., 1. Auflage, Zürich 1994

69 Ken Keys, Das Handbuch zum Glücklichsein, S. 286, ?. Auflage, München 1998

Vielleicht sollten Sie jetzt erst einmal eine Entspannungs- CD auflegen, um wieder Ihre fiktive Form einer Lichtgestalt anzunehmen. Das waren bestimmt viel zu viel Kontrolldramen – Menschen versuchen anderen Menschen ihren Willen aufzuzwingen – versuchen ihnen die Lebensenergie zu rauben. Dabei wissen Sie als Lichtwesen: Lebensenergie fließt ständig, sie kann nur kurzfristig von jemand anderen „abgezapft" werden. Dabei käme man viel leichter und liebevoller an Zusatzenergie – indem man sich öffnet, empfindet man Liebe und steht automatisch in Verbindung mit der allumfassenden „universellen Energie".

Aber – das wissen Sie, als Lichtgestalt – die „armen" Menschen wissen es nicht.

II. Teil

3. Das „Zuhause-Prinzip“

3.1. Wahn oder Sinn der Ehe

Nachdem Sie all das jetzt gelesen und verinnerlicht haben, könnten Sie versucht sein, laut auszuschreien: Das ist ja alles so schrecklich – ein Wunder, dass es überhaupt noch Paare gibt, die es schaffen, länger als ein Jahr ohne Auseinandersetzungen und Dauerstress zusammenzubleiben! Und leider gibt es genügend Beziehungen, die über eine Jahresbindung nicht hinauskommen.

Beneidenswert bleiben natürlich die Menschen, die sich verlieben, heiraten und auf ewig treu, glücklich und zufrieden bleiben und somit sämtlichen von mir angeführten Theorien trotzen. Diesen Zustand kann man allerdings immer seltener antreffen. *„Von den amerikanischen Ehen, die 1890 geschlossen wurden, endeten rund 10 Prozent mit der Scheidung. Dieser Anteil betrug für die 1920 geschlossenen Ehen rund 18 Prozent, für die 1950 geschlossenen Ehen 30 Prozent. 1970 betrug die Chance, dass Neuvermählte sich trennen oder zusammenbleiben, 50 : 50. Und 1990 wurde die Wahrscheinlichkeit, dass die Ehe von Frischvermählten mit einer Scheidung enden würde, auf schwindelerregende 67 Prozent geschätzt…“*[70]

Ihnen dürfte es mittlerweile verständlich sein, warum die Ehen nicht halten – aufgrund der widersprüchlichen seelischen Grundbedürfnisse und der beladenen Rucksäcke. Im Gegensatz zu früher, ist es viel einfacher, sich scheiden zu lassen, die entsprechenden Gesetze wurden modifiziert. Eine Scheidung stellt keine „Schan-

70 Daniel Golemann, Emotionale Intelligenz, S. 167 mit Zuhilfenahme von John Gottmann, What Predicts Divorce: The Relationship between marital processes and martal outcomes, Hillsdale, N.J.: Lawewncw Erlbaum, 1993, 9. Auflage, München 1998

de“ mehr da. Der Staat kümmert sich heutzutage um geschiedene und dadurch eventuell finanziell mittellos gewordene Menschen, was früher nicht der Fall war. Kurz: die Menschen können ihre widersprüchlichen seelischen Grundbedürfnisse ausleben und müssen sie nicht aus wirtschaftlichen und /oder moralischen Gründen verdrängen. Das ist auf der einen Seite sicher gut so. Auf der anderen Seite droht es jedoch zu einem gewaltigen internationalen Beziehungschaos zu werden, mit massiven gesellschaftlichen Problemen, mit einem Ausmaß, welches nicht abzuschätzen ist – aber zumindest zu gigantischer Isolation führen könnte.

Wenn man sich allerdings im Klaren ist, in welchem seelischen Widerspruchsdilemmata man sich befindet, hat man eine neue Chance, Beziehungen aufzubauen, die diese Begleitumstände berücksichtigen. Wenn man darüber hinaus auch versteht, dass man zumindest willentlich, für kurze Zeiten seinen seelischen Konflikt, sein Über – ICH, seine Ängste und seine gesellschaftlichen Beeinflussungen beiseite schieben kann – wird man tatsächlich eine neue emotionale Grundbasis definieren und umsetzen können - quasi Plan C. Plan C als Alternative zu Plan A (Ehe auf Lebenszeit) oder Plan B (ausschließende Zweierbeziehung, bis sie auseinander bricht).

Plan C (Das Zuhause - Prinzip) entweder als Alternative, falls Plan A oder B scheitern – oder generell als angepeiltes Haupt – Beziehungsziel. Und der Kern dieser Beziehungsform heißt – **Mindestversprechen** abgeben. Man wird sich im Klaren sein, dass man auf der einen Seite einen neu geliebten Menschen halten möchte, aber auf der anderen Seite auch, dass sich jeder Mensch (auch der geliebte) in einem Prozess befindet, dass sich also jeder in Laufe der Zeit verändern wird – und somit wahrscheinlich auch seine Ansichten, Anziehungen und seine Liebe zu mir – oder meine zu ihm. Diese Veränderung wird stattfinden, wer es aufzuhalten versucht, wird automatisch krank. Krank am Körper, psychisch krank, aggressiv, depressiv, auf jeden Fall ungesund.

Soll das heißen, dass sich kein Mensch mehr auf einen anderen Menschen einlassen soll, nicht mit ihm zusammenleben soll – nur noch ein Individualleben mit gelegentlichen Treffs? Nein, ganz im Gegenteil: im „Zuhause – Prinzip" **werden Beziehungen auf EWIG eingegangen, nur nicht auf AUSSCHLIEßLICH-KEIT!** Jedes Paar, welches zu zweit zusammenleben möchte, soll das auch um –Gotteswillen- tun. Das Mindestversprechen bezieht sich auf die Zeit einer möglichen Trennung, wenn eine Beziehung scheinbar nicht mehr funktioniert, wenn man sich scheinbar nicht mehr liebt.

Das Mindestversprechen sollte man sich aber frühzeitig geben – und nicht erst, wenn alles zu spät ist! Ich bin fest der Überzeugung, dass es, wenn sich ein Beziehungspartner in einen Neuen verliebt, nicht heißt, dass er seinen derzeitigen Beziehungspartner nicht mehr liebt, sondern dass er **tatsächlich beide liebt** – die neue Liebe anfangs natürlich deutlich mehr, weil sie eben neu ist – aber seinen derzeitigen Beziehungspartner eben auch noch! Und nach dem ersten Kapitel können Sie diese Behauptung auch sicherlich gut nachvollziehen – auch wenn es nicht gerade ein erquickendes Gefühl hervorruft. Plan A und Plan B schließen diese Möglichkeit aber grundsätzlich aus und wenn sich dann doch eine dritte Person in die Beziehung „schiebt" ist nur noch der Kolbenfresser, sprich: das absolute „A U S" möglich!
Und das scheinbar ohne Vorwarnung – was ganz logisch ist: Sollte sich Ihre Frau (oder Ihr Mann) in einen anderen verlieben (ohne es eigentlich zu wollen, es passiert einfach), hat sie ein großes Problem: Meinen Mann kann ich nichts sagen, denn dann ist die Beziehung sofort beendet, weil mein Mann kein Fremdgehen duldet. Meine neue Liebe ist mir aber noch nicht „sicher" genug, dass ich

auf meinen Mann verzichten könnte, bzw. überhaupt wollte. Also erprobe ich die neue Liebe im Geheimen. Und wenn ich mir sicher bin, dass ich mit meiner neuen Liebe zusammen bleiben möchte, kann ich es meinem Mann immer noch nicht sagen, weil ich ihn ja auch noch liebe. Also muss ich erst einmal ein paar „Nebenschauplätze" schaffen, an denen ich mich mit meinem Mann so richtig streiten kann, um mich von ihm (zumindest kurzfristig) zu entlieben (z.B. „Du drückst schon wieder die Zahntube anders aus, als ich!" / was noch nie ein Problem zwischen Ihnen gewesen ist - oder „Du bringst ja nie den Abfalleimer runter" / was ihr Mann jeden Tag macht, nur heute hat er es einmal vergessen usw. , sie verstehen, was ich meine). Und hat sie es dann endlich geschafft, sich richtig über ihren Mann aufzuregen und wütend zu sein, kommt der Hammersatz: „Du Schatz, wir müssen einmal miteinander reden!" Hier gibt es keinen „Schatz" mehr und hier wird auch keiner mehr miteinander reden. Alles ist für Sie bereits klar – der derzeitige Mann muss raus und Zusammenziehen mit der neuen Liebe - Ihr Mann hat keine Chance, andere Möglichkeiten zu besprechen -> aber er ist ja quasi selbst schuld, weil er zu Beginn der Beziehung zu Ihnen klar und deutlich gesagt hat: Fremdgehen ist nicht – sonst Schluss! Und somit ist Schluss – was wahrscheinlich keiner so wollte – und nach vielleicht einem Jahr ist das Gejammer groß – die neue Liebe ist nicht mehr und der Mann aus der alten Beziehung ist derart verletzt, dass er Sie auch nicht mehr will!

Aber das nur zum „Einstieg" – ich möchte an dieser Stelle erst einmal versuchen den Begriff „Liebe" zu klären:

Reine Sexualität ist auf keinen Fall Liebe. Reine Sexualität ist pure Triebbefriedigung. Was nun auch nicht gerade verwerflich ist, aber eben keine Liebe. Somit gib es auch keine „käufliche Liebe", sondern nur eine käufliche Triebbefriedigung. *„Die Fortpflanzung wurde so geregelt, dass sie mit gesteigerten Lustgefühlen verbunden ist, ein Trick der*

Natur, damit die Arterhaltung keine lästige Pflicht ist, sondern ein Vergnügen. … Die Liebe sucht als Endziel der Entspannung nicht den Orgasmus, sondern sie findet ihre Befriedigung in jeder Form der seelischen und körperlichen Zuneigung. … Sexualkonsum zeigt keine Freiheit an und führt zu keiner inneren Befreiung, sondern baut, wo körperliche und seelische Spannung reduziert wird, an anderer Stelle neue seelische Spannung der Unausgefülltheit und Unzufriedenheit auf.“[71]

Gut, hätten wir das geklärt – aber was ist nun „Liebe“!? Es gibt 1000 und eine Definition von „Liebe“. Ich persönlich unterscheide zwischen vier Hauptformen der „Liebe“:

1. Die göttliche Form der Liebe
2. Die „herkömmliche“ Liebe
3. Das Verliebtsein
4. Die „bewusste“ Liebe

Die göttliche Form der Liebe (die universelle Liebe)

Gott, der sich als einziger bewusst im **ewigen inneren Frieden** befindet, kann uns bedingungslose Liebe geben.

Göttliche Liebe will den Menschen helfen zu wachsen, um ihre Gefangenschaft im Raum und Zeit Gefüge und den dazugehörigen Widersprüchen des Lebens zu erkennen und sich wieder auf ihre „wahre Göttlichkeit“ zu besinnen.

---

71 Lauster, Peter: Die Liebe, S. 28,29 und 24, ?. Auflage, Düsseldorf und Wien 1999

Eine feste Beziehung wäre hierbei sinnvoll, aber nicht unbedingt notwendig. Für Gott ist unser Leben auf der Erde nur eine Lehrschule in der Vergänglichkeit. **Jede Beziehung bringt einen Lerneffekt.** Wie oft die „Klasse" wiederholt werden muss, ist ihm mehr oder weniger egal. Der Lohn ist **innerer Frieden** für die Ewigkeit; und an der Ewigkeit gemessen, ist jede Zeit, und sei sie noch so lang, praktisch nicht vorhanden. *„Gottes Vorstellung von einer guten Beziehung ist eine völlig andere als die des EGOs. Für das EGO ist eine gute Beziehung die, in der sich die andere Person im wesentlichen nach unseren Wünschen verhält, nie auf unsere Knöpfe drückt, nie unsere Sphären des Wohlbehagens verletzt. Ist aber eine Beziehung da, um unser Wachstum zu fördern, dann existiert sie, um genau das zu tun; sie soll uns zwingen, unsere beschränkten Toleranzbereiche und unsere Unfähigkeit zur bedingungslosen Liebe zu durchbrechen"*[72] , schreibt Marianne Williamson in ihrem Buch „Rückkehr zur Liebe".

Die „herkömmliche" Form der Liebe

„Herkömmliche" Liebe soll vorrangig vor dem Alleinsein schützen. Ihr Ursprung ist Angst. Angst vor dem Alleinsein, nicht geliebt werden.

Sie ist die Liebe, die von Erich Fromm folgendermaßen verstanden wird: *„Unreife Liebe sagt: Ich liebe dich, weil ich dich brauche."*[73] Wird solch eine Liebesbeziehung gelöst, kommt die Angst (zumindest bei dem verlassen wordenen Partner) in Form von Eifersucht, Depressionen, Aggressionen usw. zum Vorschein. Diese Art von Liebesbeziehung ist jedoch verständlich, bringt sie doch Zugehörigkeit, Geborgenheit und Entspannung. Sie bringt jedoch **keine**

72 Marianne Williamson, Rückkehr zur Liebe, S. 116, 1. Auflage, München 1993

73 Fromm, Erich: Die Kunst des Liebens, S. 68, 49. Auflage, Fankfurt/Main – Berlin 1995

Sicherheit – auch durch Heirat nicht. Ihr Ursprung, die Angst vor dem Alleinsein, kann nicht geheilt werden, sondern bleibt latent vorhanden. Sie bricht bei Auflösung der Beziehung aus, wie ein Herpesvirus, das solange Ruhe gibt, bis das Immunsystem geschwächt ist.

Das Verliebtsein

Verliebtsein stellt eine plötzliche Öffnung des Herzens dar. Durch eine unerklärbare Energie fühlt sich jemand zu einem (oft auch wildfremden) Menschen hingezogen. Ängste scheinen von jetzt auf gleich spurlos verschwunden zu sein. Die Anziehung wirkt buchstäblich wie ein gigantischer Magnet.

Man kann zwischen einseitiger Verliebtheit sprechen – nur eine Person fühlt sich zu jemanden hingezogen – und beidseitiger Verliebtheit, bei der sich zwei Menschen zu einander hingezogen fühlen.

Wie es hier zu einer Partnerwahl kommen kann, möchte ich wortwörtlich aus Ken Keyes Buch „Das Handbuch zum Glücklichsein" übernehmen: *„Wir wissen, dass das neue Hirn zu dem, was im alten Hirn passiert, keinen Zugang hat. Sie arbeiten unterschiedlich. Da unsere beiden Gehirnteile dem Anschein nach als eines arbeiten, empfindet das neue Hirn das alte Hirn nicht als ein separates Hirn. …Ihr altes Hirn hat zwei grundlegende Richtlinien, um zu bestimmen, mit wem Sie die Ekstase romantischer Liebe fühlen: 1. Schmerzhafte Eigenschaften: In erster Linie überträgt sich das Liebesverlangen, das auf einen abweisenden Elternteil gerichtet war, im Erwachsenenalter auf eine ähnliche Person. Das heißt, dass Ihr Unbewusstes Sie dazu bringt, sich in einen Partner zu verlieben, der Sie auf dieselbe Weise verletzen wird, wie Sie als Kind von Ihren Eltern verletzt worden sind. 2.*

Bewunderte Eigenschaften: In zweiter Linie sucht Ihr Unterbewusstes Partner mit jenen Zügen aus, die Ihnen an Ihren Eltern gefielen. Wenn Sie zum Beispiel an Ihren Eltern mochten, dass sie gebildet und tierlieb waren, wird Ihr Unbewusstes einen Partner schätzen, der ebenfalls diese Eigenschaften hat. … Sie sind jetzt schwer verliebt. Sie scheinen diesen Menschen schon immer gekannt zu haben (Das haben Sie!). Und Sie möchten für immer mit ihm zusammenbleiben (Das werden Sie nicht, außer Sie helfen sich gegenseitig dabei, die Kindheitsverletzungen nicht mehr aufeinander zu projizieren)."[74]

Francesco Alberoni hat einen anderen Grund für Verliebtheit herausgefunden. Für ihn ist Verliebtheit nicht auf die Eigenschaften unserer Eltern (also auf die Vergangenheit) gerichtet, sondern auf die Zukunft, auf Veränderung. In seinem Buch „Liebe" schreibt er: „*Wir verlieben uns, wenn wir bereit sind, uns zu verändern und eine Etappe abzuschließen, die uns nichts Neues mehr bieten kann. Um uns zu verlieben, ist der „èlan vital", ein Drang zu neuen Erfahrungen, zu neuem Leben erforderlich.*"[75] Folglich kann sich nicht jeder Mensch verlieben: „*Ein Mensch kann sich beispielsweise nicht verlieben, wenn er unter Depressionen leidet. Einem Depressiven fehlt der erforderliche „élan vital" und die Lust am Leben, er hat kein Vertrauen in die Zukunft.*"[76]

Verliebtheit ist natürlich eine spezifisch mit Sex verbundene erotische Erfahrung[77] (wohl besonders bei Männern). Wobei dies hier nicht mit reiner sexuellen Triebbefriedigung verwechselt werden darf, mit so genannten „One Night" Beziehungen.

Jeder, der sich nicht ausgeglichen (und nicht depressiv) ist, zieht an, bzw. wird selbst angezogen. Natürlich funktioniert dies meist

74 Ken Keyes, Handbuch zum Glücklichsein, S. 203 ff., ?.Auflage, München 1998

75 Alberoni, Francesco: Liebe, S.32, ?. Auflage, München 1996

76 Alberoni, Francesco: Liebe, S.32, mit Verweis auf: Ludwig G. Biswanger, „Tre forme di esis tenza mancata", Garzanti, Mailand 1978, ?. Auflage, München 1996

77 M. Scott Peck, Der Wunderbare Weg, S. 82, ?. Auflage, München 1986

unbewusst – und sehr schnell. Schneller als das rationale Hirn denken kann. *„Wie blitzschnell sich in der unbewussten Kommunikation eine Übertragung – Gegenübertragung einspielen kann, das heißt, bestimmte Beziehungsbereitschaften sich abtasten und in eine konkrete Beziehungsform einmünden, ist an der wunderbaren Sekunde der „Liebe auf den ersten Blick" zu erkennen. Da ist unbewusst schon alles geschehen, das heißt hin und her gehandelt, bevor das träge Bewusstsein merkt, was los ist. Es hinkt ohnehin immer hinterher."*[78]

Wo keine Ausgeglichenheit vorherrscht, da herrscht ebenfalls **Angst**, die Angst, nicht ausgeglichen zu sein (d.h. nicht all seine Bedürfnisse, zumindest auf ein Mindestmaß, befriedigt zu haben), plus die Angst des Verlassenwerdens. Einer oder beide Menschen dieser Beziehung braucht / brauchen den anderen zum eigenen Ausgleich, zur Erfüllung neuer Bedürfnisse. Bei einer eventuellen Trennung, wird diese Angst in Form von Eifersucht, Depressionen oder Aggressionen usw. wieder frei. Sie wird sogar weit aus heftiger ausfallen, als bei einer herkömmlichen Liebesbeziehung. Beispiel für leidende einseitige Verliebtheit: *„Als Faustregel gilt: Je schwieriger es für Sie ist, eine Beziehung zu beenden, die Ihnen nicht gut tut, desto mehr Elemente Ihrer Kindheitsproblematik sind darin enthalten. Indem Sie zu sehr lieben, versuchen Sie, Ihre alten Gefühle von Angst, Wut, Frustration und Schmerz zu überwinden. Die Beziehung abzubrechen hieße demnach, auf die wertvolle Chance zu verzichten, für erlittenes Unrecht entschädigt zu werden und endlich Ruhe zu finden. ... Die Anziehung zwischen zwei Menschen, die fähig sind, eine gesunde, auf echter Kommunikation beruhende Beziehung einzugehen, mag stark und erregend sein, aber sie ist nie so unwiderstehlich wie die Anziehung zwischen einer Frau, die zu sehr liebt, und dem Mann mit dem sie „tanzen" kann."*[79]

---

78 Moeller, Michael Lukas: Die Liebe ist das Kind der Freiheit, S.76, ?. Auflage, Reinbek bei Hamburg 1999

79 Norwood, Robin: Wenn Frauen zu sehr lieben, S. 130 u. 132, ?. Auflage, Reinbek bei Hamburg 1995

Francesco Alberoni stellt eine Trennung unter Verliebten gar als Katastrophe dar: *„Jeder der beiden Betreffenden stellt nun jeweils eine Hälfte eines entstehenden Paares dar. Keiner der beiden hat mehr eine eigene Identität. Der andere wird wie die Wahrheit und das Wesen von einem selbst erlebt. Der Verzicht auf dies Liebe hieße, das zu verlieren, was einem noch wichtiger als das empirische ICH ist. Der Preis einer Trennung in diesem Stadium ist eine wahre Katastrophe, es ist der Verlust jeglichen Sinnes und Wertes. Sie käme einer Erstarrung gleich.“*[80]

Verliebtheit bringt enorme und äußerst intensive Energie mit sich. Und da Verliebtheit kein bewusster Willensakt ist, sondern, wie die Engländer sagen „fall in love“ (Francesco Alberoni), also eher ein „in Liebe fallen“ darstellt, hat jeder Verliebte wahnsinnige Angst, diese Energie wieder zu verlieren. Bricht einer der beiden Verliebten also diesen Energiestrom ab, droht der andere in ein endloses schwarzes Loch zu fallen. Gleich dem Sprichwort: **Liebe** (in diesem Falle Verliebtheit, eigene Ergänzung) **ist wie der höchste Berg und wie das tiefste Tal.** Auf jeden Fall extrem.

Und somit versucht jeder, diese Energie festzuhalten. Michael Lukas Moeller vergleicht das verliebte Paar sogar mit einer Sekte. Wesentliche Merkmale einer Sekte, die da sind: die absolute Bindung, die ungleichgewichtige Rollenverteilung, den Ausbau einer gemeinsamen Wirklichkeit[81], vergleicht er mit dem Verhalten eines verliebten Paares. In seinem Buch „Die Liebe ist das Kind der Freiheit“ stellt er mindestens 15 Parallelen auf (die ich hier nur nennen und nicht weiter darauf eingehen möchte): Beeinflussbarkeit, Idealisierung, Isolation, Trance, Disziplinierung, Indoktrination, Ritualisierung, Plötzlicher Persönlichkeitswechsel, Selbstaufgabe,

80 Alberoni, Francesco: Liebe, S. 173, ?. Auflage, München 1996

81 vgl. Moeller, Michael Lukas: Die Liebe ist das Kind der Freiheit, S. 162, ?. Auflage, Reinbek bei Hamburg 1999

Autonomie, Kindliche Regression, Außensteuerung, Neue Innensteuerung, Aufgehen im anderen, totale Identität und Sinnerfüllung.[82]

„Bewusste" Liebe

Der Liebende hat seine eigenen Ängste und die seiner Mitmenschen erkannt und akzeptiert. Er übt sich darin, **trotz Ängsten** *zu lieben.*

Nach dem biblischen Leitsatz „Liebe andere, wie Dich selbst", wurde erst einmal an sich selbst „gearbeitet", um sich selbst zu ertragen, mögen und lieben zu können. So, wie man eben ist – und nicht, wie andere einen gern haben möchten.

Die „bewusste" Liebe versucht ebenfalls die anderen Menschen so zu akzeptieren wie sie eben sind. Sie will lieben, nicht wegen eigener Ängste abhängig werden. Sie versucht auch nicht einen ängstlichen Menschen an sich zu binden. Verliebtheit benötigt eine schöne Blume für sich und wird sie pflücken. Bewusste Liebe ist bemüht die Blume dort stehen zu lassen, wo sie ist und liebt die Blume und ihre Freiheit, auch wenn sich andere ebenfalls an der Blume erfreuen können. Sie kann nicht nur teilen, sondern ist selbst auch nicht auf eine Person beschränkt. *„Ein liebensfähiger Mensch kann* **denselben Menschen immer wieder lieben, aber er versteht nicht, warum er nicht gleichzeitig noch andere Menschen lieben dürfen sollte.** *Wenn jemand die Natur und die Tiere liebt, so würden wir es eigenartig, vielleicht sogar krankhaft finden, wenn er ein ganzes Leben lang nur einen Baum, eine Landschaft oder eine Katze liebt. Wir würden das als eine zwanghafte Fixierung ansehen. Bei der Liebe zum anderen Geschlecht gilt diese zwanghafte Fixierung jedoch nicht als Krankheit, sondern als über*

82 vgl. Moeller, Michael Lukas: Die Liebe ist das Kind der Freiheit, S. 176, ?. Auflage, Reinbek bei Hamburg 1999

jeden Zweifel erhabene, große, schicksalhafte Liebe.“[83] *„Wenn ein Mann und eine Frau sich um Liebe bemühen, arbeiten sie immer daran, ob sie es nun so nennen oder nicht, sich vom Haften an den Illusionen des „ganz normalen Lebens“ zu befreien, während sie sich* **gleichzeitig** *darin unterstützen, die normalen Bedürfnisse der verkörperten, menschlichen Selbst zu erfüllen. Ihr Kampf richtet sich dagegen, den anderen zur „Welt“ zu machen, ihn dazu zu zwingen zu wollen, zu geben, was die „Welt“ oder das „Leben“ versprechen, aber nie wirklich geben können: absolute Sicherheit, bedingungslose Loyalität und Treue, phantastische Kraft, stets verfügbare Lust... Wenn das „ganz normale Leben“ diese Dinge nicht geben kann – und in ihrer tieferen Bedeutung kann es das nicht- dann dürfen wir es auch nicht vom anderen verlangen. ...Die Wahrheitstraditionen lehren, dass das, was wir irrtümlich in der Welt suchen, nur in dem Prozess gefunden werden kann, der uns einer anderen Ebene des Lebens in uns selbst öffnet. Nur dieses Leben, so heißt es, kann uns das geben, was wir irrtümlicherweise außen suchen. Das Leben innerhalb des „Lebens“ kann uns das geben, was dem „ganz normalen Leben“ nicht möglich ist.‘*[84] So das Zitat aus „Das kleine Buch der großen Liebe“ von Jacob Needlerman, welches man sicherlich noch einmal lesen muss, um es halbwegs zu verstehen.

Bewusst lieben heißt erstens, sich selbst, mit all seinen menschlichen Schwächen zu lieben. Und zweitens, den Geliebten oder die Geliebte, mit all seinen /ihren menschlichen Schwächen zu lieben. Und drittens, Gegenliebe als Geschenk anzusehen, dafür ein „Zuhause“ geben und kein Gefängnis! Eine völlig geheilte Angst und somit reine „bewusste“ Liebe ist in der Vergänglichkeit wohl kaum erreichbar. Aber wir können uns immer wieder darin üben.

Diese verschiedenen Definitionen der Liebe sind für Sie als Lichtwesen natürlich völlig unverständlich. Sie können gar keine Angst

83 Lauster, Peter: Die Liebe, S. 52, ?. Auflage, Düsseldorf und Wien 1999
84 Needlerman, Jacob: das kleine Buch der großen Liebe, S. 109/110, ?. Auflage, Frankfurt/Main 2000

vor dem „Alleinsein“ oder „Nicht-Frei-Sein“ verspüren. Sie als Lichtwesen in der Ewigkeit, sind gleichzeitig sowohl mit allem zusammen als auch von allem frei – und kein Mensch weiß, wie Sie das hinbekommen – und Sie, ehrlich gesagt, wissen es eigentlich auch nicht. Sie spüren nur, dass es eben funktioniert. Sie sind rundum zufrieden. Nun ja, und trotzdem trifft dies nicht auf all Ihre Lichtwesenkollegen zu! Einige von Ihnen, mit gleichen Möglichkeiten ausgestattet, kommen irgendwie mit dem Ganzen noch nicht so recht klar. Sie fühlen sich auch als Lichtwesen irgendwie noch nicht so richtig wohl. Sie haben ihren „inneren Frieden“ noch nicht erreicht. Schade eigentlich, da Ihre Kollegen genauso, wie Sie, in der Ewigkeit leben, ist es ziemlich grotesk, wenn man den „inneren Frieden“ noch nicht gefunden hat – ihre gewisse „Unzufriedenheit“ bliebe ja ebenfalls ewig!

Restliche Angstzustände können nur in der Raum / Zeit abgebaut werden. Gut, dass es hierfür die Lernschule „Menschliches Leben auf der Erde“ gibt. Schlecht und sogar echt blöd, dass man sein „wahres“ ICH automatisch vergisst, wenn man sich in die Lernschule begibt. Aber Alternativen gibt es nicht. Entweder auf ewig etwas unzufrieden -. oder lieber das kleinere Übel wählen – in der Lernschule seinen „inneren Frieden“ optimieren!

Außerdem gibt es unter Ihnen Kollegen, die sich bereits ihres wahren ICHs in der Erdenwelt bewusst geworden sind und nun überhaupt gar keinen Grund hätten, dort hin zurück kehren zu wollen – aber mache haben auch den Auftrag oder selbst den Wunsch, suchende Menschen auf der Erde zu unterstützen. So, wie unser kleiner Superheldi in der nachfolgenden Geschichte. Er möchte die Menschen aufklären, dass eine Ehe eben nicht der sichere Hafen ist – sondern der sichere Hafen nur vorgetäuscht wird – und oft werden die Eheleute nach ein paar Jahren tatsächlich ent – täuscht. Eine Scheidung kann viel schlimmer sein, als wenn man sich von vornherein erst gar keine ewige Treue geschworen hätte. Nun gut, entscheiden muss jeder für sich selbst – manchmal klappt es ja auch. Aber nun hat Superheldi das Wort:

3.2 Suche nach neuen Beziehungsformen

Nun haben wir das Problem: Für die meisten Menschen ist Liebe gleichbedeutend mit „nicht allein sein“ zu müssen und mit „sich ausgleichen“ (noch offene bzw. neu erweckte Bedürfnisse befriedigen) zu können. Sie sind sehr Besitz ergreifend, versuchen sich Liebe durch Heirat zu „erkaufen“. Und berauben sich damit selbst eines wichtigen Stückes Freiheit. Und der Ursprung ist Angst. Angst, die aber somit nicht überwunden werden kann, sondern nur verdrängt wird – bis in der Tageszeitung zu lesen sein wird: Mann erschlug Ehefrau, als sie ihn verlassen wollte!

Aber – es spielen alle mit – jeder der etwas anderes ausprobieren möchte, weil er diesen Wahnsinn nicht mehr mitmachen möchte – wird als Außenseiter hingestellt. *„Bohrende selbstquälerische Fragen und daraus resultierende Selbstzweifel erzeugen beim abgewiesenen Liebhaber großes Leid. Bin ich zu dumm? Bin ich unattraktiv? Bin ich sexuell unfähig? Werde ich von den meisten nur geduldet? Bin ich es wirklich wert, geliebt zu werden? Bin ich fähig zu lieben?“*[85] scheinen was ganz normales zu sein, und jeder der Liebeserfolg haben möchte, muss auch diese Liebesmisserfolge haben – und weiter der Mohrrübe „Einmal werde ich den Richtigen / die Richtige finden“ hinterherlaufen!

Aber Sie wollen das alles wirklich nicht mehr! Sie wollen sich nicht mehr in einer glücklichen Beziehung wähnen, bis sich Ihr Partner/in irgendwann irgendwie merkwürdig verhält, kaum noch Zeit für Sie hat, unnah wirkt und gleichzeitig angibt: „Ich weiß nicht, was Du hast, mein Liebster – alles ist in bester Ordnung.“ Doch zwei Tage später regt sie sich auf, weil Sie angeblich die Zahnpastatube falsch ausgedrückt haben, obwohl Sie nichts anders gemacht haben, wie sonst auch (ach, das Beispiel hatte ich ja schon). Oder, warum können Sie nicht endlich `mal, wie ein richtiger Mann, den

85 Lazarus, Arnold: Innenbilder, S. 101/102, 2. Auflage, München 1993

unangenehmen Nachbarn zur Sau machen, der hört ja immer zu laut Musik. Sonst war es Ihrer Frau ziemlich egal, weil der Nachbar oft die Musikrichtung Ihrer Frau spielte – und auch nicht wirklich laut. „Und überhaupt, was sitzt du dauernd hier herum, kannst du nicht `mal zum Sport gehen?“ Noch vor wenigen Wochen hatte sie Ihnen gesagt, dass es doch so schön wäre, dass Sie soviel Zeit für sie hätten.

Und dann kommt der Satz, der Hypersatz, der Hammersatz: Schatz, wir müssen reden! Und Sie wissen anhand des Tonfalles Ihrer Frau und aufgrund der letzten Ereignisse zwischen ihnen beiden instinktiv: Sie sind weder noch ihr Schatz und reden, also etwas zu besprechen, gibt es jetzt ganz bestimmt nicht. Was folgen wird, wird eine Ansage sein. Und das ist sie dann auch, eine Ansage, und die lautet deutlich und nüchtern: „Schatz – ich habe einen anderen kennen gelernt!“ (Und das gewiss nicht gerade heute oder gestern und kennen gelernt haben sie sicherlich auch schon ihre beiden Körper) „und – ich habe mich in ihm verliebt!“ (Nicht das Sie jetzt noch irgendeine Chance hättest, irgendwie darauf zu reagieren, selbst der Gedanke, ok, dann bist Du jetzt in der glücklichen Lage zwei Männer zu haben. Nichts, rein gar nichts mehr ist für Sie drin, denn der Satz von ihr ist noch nicht zu Ende: „Und ich möchte mit ihm zusammensein!“ Den Rest sagt sie nicht mehr, den dürfen Sie sich denken. Und Sie denken: Ja, aber, ich brauche Dich, weil ich dich liebe. Und halb von Ihnen gedacht, da sagt sie doch noch den Rest: „Und ich will, dass du gehst!“

Toll, erst zieht sie sich zurück, dann fängt sie mit dir Streit an – und dann das! Und genau so ist es, wenn sich einer in einer Beziehung in einen anderen verliebt (was nicht unwahrscheinlich ist), wird er es erst einmal verheimlichen, weil er noch nicht abschätzen kann, ob es die neue Liebe wert ist, die aktuelle Beziehung aufs Spiel zu setzen. Ist sie es nicht, wird die neue Liebe wieder fallen gelassen

– Sie kriegen nichts mit – ist sie es wert, wird mit Ihnen Streit angefangen – und Sie kriegen natürlich immer noch nichts mit – und am Tag X, wenn sich Ihr Partner traut, den Wechsel zu vollziehen – ja, dann kriegen Sie es mit, hammerdick!!!

Und dazu haben Sie verdammt noch `mal keinen Bock mehr drauf!!! Nach dem Verlauf des Buches wissen Sie, das es quasi menschennormal ist, dass sich der Partner auf einmal in einen anderen verlieben kann – und damit kämen Sie vielleicht auch (wenn auch nicht supertoll) mit klar – aber Sie lieben Ihren Mann / Ihre Frau wirklich, Sie haben das „Ewige“ in ihm/ihr gesehen, er oder sie ist der Mensch, den Sie nicht mehr verlieren, zumindest nicht ganz verlieren möchten. Es muss da doch eine andere Möglichkeit geben, verdammt noch `mal!!!

Nach neuen Beziehungsformen suchen auch andere, ihnen sind die Widersprüche im Leben bewusst, aber eine Lösung hat scheinbar noch niemand gefunden: *„Eine bestimmte Beziehung führt also nur zu einer einzigen bestimmten Selbstverwirklichung. Damit büße ich andere Entwicklungsmöglichkeiten ein. Diesen „Gewinn mit Verlust“ wägen wir bewusst oder unbewusst alle. Ob bewusst oder unbewusst: eine Beziehung als die entscheidende seelische Umwelt lässt eine bestimmte Entwicklung zu und schließt eine andere aus. Daher die unvermeidliche Labilität einer Zweierbeziehung: Verwirkliche ich eine Linie, steigt das Gefühl des ungelebten Lebens in anderen Bereichen an und drängt unbewusst oder bewusst zu anderen Beziehungen. … Entschließt sich nun ein Paar, um diesen indirekten Entwicklungsverlust zu mildern, zu einer möglichst offener Entwicklung, das heißt also zu einer großen, breiten, gemeinsamen Erfahrung, sorgt es also durch vielfältiges Leben miteinander für Abwechslung innerhalb der Beziehung, dann wird die Labilität leider nicht viel geringer: Entwicklung kennt keine Sicherheit.* **Wir benötigen eine Chance, uns zu entwickeln, ohne uns zu verlieren.**“[86]

86 Moeller, Michael Lukas: Die Liebe ist das Kind der Freiheit, S. 89,90 u. 92, ?. Auflage, Reinbek bei Hamburg 1999

„Die neue schöpferische Form, welche die Beziehungen bekommen, wie immer sie auch aussehen mag, ist nötig, auch um das Alte, für das wir verantwortlich bleiben, neu zu integrieren. Damit sind nicht allein, aber vor allem die gemeinsamen Kinder angesprochen. Diese Kinder brauchen einen neuen Lebensraum, der den veränderten Bedingungen entspricht.‘[87]

Wenn das Leben wirklich eine „Lernschule“ darstellen sollte, drängt sich die Frage auf, was (passender Weise: „um Gottes Willen“) man denn nun lernen soll! Wenn man ein Leben eines Menschen in einer Art „Zeitraffer“ einmal nachvollziehen könnte, würde man folgendes feststellen: Im Leben der „Lebensabschnittspartner“ wiederholen sich die Inhalte, lediglich mit anderen Darstellern. Man verliebt sich und ist glücklich und nicht allein. Man genießt diese Beziehung und ist für sich gegenseitig da. Später trennt man sich und ist todunglücklich und allein. Irgendwann findet man Mut und geht erneut auf Menschen zu und verliebt sich (hoffentlich) neu. Diesen Prozess durchläuft man ständig, also müssen dies genau die Punkte sein, an denen das Lernen ansetzen soll!

Welche Elemente werden stets angesprochen?

Es geht um die Geborgenheit bei einem geliebten Menschen, es geht darum, einen lieben Menschen festhalten zu dürfen, es geht um das Alleinsein. Und es geht um Mut, Offenheit und entsprechende Freiheit für etwas Neues.

Es geht also genau um die Punkte, die Fritz Riemann als Grundformen der Angst erkennt: Sehnsucht nach Geborgenheit, Sehnsucht nach Dauer, Sehnsucht nach Selbstbewahrung und ICH

87 Jellouschek, Hans: Die Rolle der Geliebten in der Dreiecksbeziehung, S. 124, 10. Auflage, Zürich 1995

– Abgrenzung und Sehnsucht nach Neuem, nach Unbekannten und der Freude am Wagnis.[88]

Wo sind die Knackpunkte? Bei der Zuwendung zu anderen Menschen, verliebt man sich, das heißt, man wird vom anderen angezogen und versucht sich bewusst oder unbewusst auszugleichen. Man empfindet Geborgenheit bei diesem anderen Menschen. Aber die Trennungswahrscheinlichkeit dieser Beziehung liegt bereits in der Anziehung: Schon wenn sich nur eine Person in dieser verliebten Beziehung ändert, verliert sich die Anziehung zueinander und die Trennung ist vorprogrammiert. Man könnte dies mit einem Automatismus vergleichen, mit einem zwangsläufigen Vorgang.

Die Sehnsucht nach Dauerhaftigkeit wurde vielleicht kurz erfüllt und bereitet nun allerdings große Schmerzen. Eine Trennung schockiert erst den Glauben an Dauer und dann schockiert der Glaube an Dauer selbst, weil man jetzt befürchtet, immer allein sein zu müssen. Das Alleinsein zu genießen, ist zu diesem Zeitpunkt nicht möglich. Der nun negative Glaube, dass das Alleinsein auf Dauer sein wird, wird allmählich von dem positiven Gedanken „Zuwendung zu etwas Neuem" durchkreuzt und gewinnt mit zunehmenden Mut die Oberhand. Wird die Zuwendung auf einen neuen Menschen mit Gegenliebe belohnt, versucht man diesen neuen Zustand wieder dauerhaft zu machen. Mit einer Heirat geben viele Menschen einen Teil ihrer Entwicklungsmöglichkeiten und ihrer Selbstbewahrung auf. Ihre ICH – Abgrenzung wird zu Gunsten von Sicherheit „geopfert". Die Trennung zwingt sie wieder zu sich selbst zu finden – und der ganze Vorgang droht sich zu wiederholen. Endlos zu wiederholen?

Wenn dieser „natürliche Kreislauf" als ein persönlicher „Teufelskreislauf" empfunden wird, kommt der Zeitpunkt, an dem man

88 vgl. Riemann, Fritz: Grundformen der Angst, S. 20ff. , S. 59ff, S. 105 ff. und S. 156ff, ?.Auflage, München, Basel 1996

an einem Zustand festhalten wird. Am liebsten an den Wunsch nach Geborgenheit, des Dauerhaften, der Selbstbewahrung, oder dem Wunsch nach dem Unbekannten. Aus der Not wir eine Tugend gemacht und krankhaft erlebt. Fritz Riemann unterscheidet zwischen schizoiden, depressiven, zwanghaften und hysterischen Persönlichkeiten.[89] Scheinbar sind Geborgenheit bei einem geliebten Menschen und ihn festhalten zu dürfen, allein leben zu können und der Mut zum Wachstum und zu Neuem, die Elemente, die wichtig sind und zurzeit vom Leben immer wieder erzwungen werden. **Aber weil sie zwangsmäßig sind, also gerade dann, wann wir sie nicht haben wollen, tun sie weh.** Ansonsten möchte eigentlich jeder, nach den seelischen Grundbedürfnissen zur Folge, gern `mal allein für sich sein und zu anderen Zeiten auf keinen Fall allein sein – aber nicht zwanghaft. Wir sind oft allein, wenn wir lieber mit einem geliebten Menschen zusammensein wollen. Oder manchmal auch in einer festen Beziehung, gerade dann, wenn Freiheit unser Ziel ist. Die „Lernschule“ will uns sicherlich sagen, dass alle Elemente **gleichermaßen** wichtig sind: Geborgenheit bei einem geliebten Menschen und ihn festhalten dürfen, allein leben können und der Mut zum Wachstum und zu Neuem. Aber darüber hinaus will sie uns sicherlich auch sagen, dass alle vier Elemente gar **gleichzeitig wichtig** sind und wir Menschen leben halt alles hintereinander. Das „Entweder/oder“ Denken des Menschen macht uns das Leben so schwer. Die Lernschule zwingt uns zu einem „Sowohl/Als auch“.

Der Mensch kann leider unmöglich „Sowohl/als auch“ leben, weil er in der Zeit lebt, die nur eine Richtung und keine Parallelwelten zulässt. Deshalb kommt ein fünftes Element hinzu:

---

89 vgl. Riemann, Fritz: Grundformen der Angst, Inhaltsverzeichnis, ?.Auflage, München, Basel 1996

Loslassen – ist das fünfte Element.

Loslassen führt zwangsmäßig zu einem Wechsel innerhalb der vier Elemente:
Die Geborgenheit loslassen führt zur Freiheit
Die Freiheit loslassen führt zu Geborgenheit
Die Dauerhaftigkeit loslassen führt zum Wachstum und zu Neuem
Das Wachstum und der Zug zum Neuen loslassen führt zu Dauerhaftigkeit

Loslassen erzeugt jedoch Angst, weil wir befürchten, das Losgelassene für immer zu verlieren. Aber wir können die Intervalle, in denen wir die oben genannten Elemente loslassen, verkürzen und somit dem Loslassen den Schrecken nehmen. Vergleichbar mit der Frequenz eines Bildschirms – ist die Frequenz gering, baut sich das Bild also wenig auf, erzeugt das auf das Fernsehbild gucken, den Augen Schmerzen. Ist die Frequenz groß, baut sich also das Bild öfters auf, haben wir das Gefühl, als wenn das Fernsehbild stabil in sich ruhend sei. Dem ist aber nicht so, es ruht nicht, die Intervalle zwischen „Bild da“ und „Bild weg“ sind nur wesentlich kürzer.

Die Natur gibt uns ebenfalls Hilfen, unsere vier wichtigen Elemente mit Hinzunahme des, durch die Zeit benötigten Loslassens, in eine Harmonie zu integrieren. Sie zeigt natürliche Kreisläufe auf, die nicht zu „Teufelskreisläufen“ ausarten. Wir müssen nur die Natur beobachten und sie entsprechend wahrnehmen.

Der Sommer (im Gleichnis stellt er hier die Geborgenheit dar) ist dauerhaft, auch wenn er nicht ständig vorhanden ist. Wenn er ständig präsent wäre, würde alles austrocknen, wie der Bildschirm (siehe oben) einbrennen würde, wenn sich das Bild nicht immer in Sekundenschnelle auf- und abbauen würde. Da er aber regelmäßig (in überschaubaren Zeitabständen) wiederkommt, wirkt er, auf unsere Lebenszeit bezogen, dauerhaft. Die Dauerhaftigkeit der Geborgenheit können wir also wegen der, durch Beobachtungen feststellbaren, ständigen Wiederkehr, festhalten. Genauso ist es mit dem Winter, der mit der Inneneinkehr, mit dem Alleinsein verbunden wird. Die Zeit zur Besinnung kann ebenfalls wegen der, durch Beobachtungen feststellbarer, ständigen Wiederkehr ebenfalls festgehalten werden. Das Element des Wachstums und des Neuem finden wir im Frühling wieder. Auch er kehrt regelmäßig zurück.

Alle vier Elemente sind erfüllt: Geborgenheit durch den Sommer, Alleinsein durch den Winter, Wachstum und somit Entstehung von Neuem durch den Frühling und Dauerhaftigkeit (und somit „Festhaltbarkeit“) durch die Regelmäßigkeit der Wiederkehr. Übrig bleibt das unerwünschte Element, das Loslassen, wo der Herbst den Stellvertreter entspricht. Der Herbst steht nicht zufällig zwischen Sommer und Winter, weil wir die Geborgenheit als wichtiger empfinden als das Alleinsein. Dies sieht man daran, dass wir durch Heirat die Geborgenheit sicherstellen wollen. Aber spätestens, wenn wir die Geborgenheit „besitzen“, spüren wir, dass das Alleinsein auch ganz nett sein könnte. Der Herbst gibt uns Zeit zum Loslassen. Und da wir wissen, dass alles wiederkommen wird, können wir eine Vorfreude auf die uns wichtigeren Elemente entwickeln. Und da alles wiederkommen wird, können wir selbst den Glanz des Herbstes erkennen. Die Jahreszeiten haben auf wunderbare Art und Weise alle fünf Elemente in eine Harmonie zusammengeführt.

Diese harmonische Integration können wir auch tagtäglich erleben. Wir würden nie freiwillig auf unsere geborgene Lebendigkeit verzichten und uns schlafen legen, wenn wir nicht wüssten, dass wir regelmäßig danach wieder aufwachen würden. Wir können in Ruhe ins Bett gehen und loslassen. Auch wenn Schlafen für uns

Nichtstun bedeutet, bedeutet es in Wirklichkeit auch lebensnotwenige Innenkehr, lebenswichtiges mit sich allein sein (Versuchen Sie ´mal ohne Schlaf auszukommen). Und am nächsten Morgen sind wir wieder voll fit – bereit zu Wachstum und zu neuen Abenteuern.

Diese Dinge sollen also gleichzeitig gelernt werden. Weil „Gleichzeitigkeit“ in einer Welt der zeitlich bedingten „Nacheinanderfolge“ unmöglich ist, kommt das Element „Loslassen“ hinzu und somit wird es zu fünf zu erlernenden Elementen.

Somit kann auf Erden annährend das Gleiche erlebt werden, was Sie als Lichtwesen ständig erleben. Sie, als Lichtwesen, befinden sich im reinen Zustand der oben genannten vier Elemente. Sie benötigen das Loslassen nicht, Sie können alles gleichzeitig leben. Ein Erdenmensch muss „lediglich“ das Vertrauen auf die Ewigkeit entwickeln. Aber seine **„Mauer aus Angst“** macht es ihm verdammt schwer, loszulassen – besonders einen geliebten Menschen loszulassen. Was nützt es ihm, wenn da einer daher kommt, sich als Lichtwesen ausgibt und behauptet: Du muss gar nicht wirklich loslassen; Du muss eigentlich nur abwarten, bis die „Zeit“ beendet ist, dann fügt sich „Liebe“ von ganz allein wieder zusammen, sie kann gar nicht verloren gehen. Liebe ist ewig, und das, was ewig ist, braucht nicht festgehalten zu werden.

Dann sagen Sie: So ein Quatsch, wenn Liebe ewig ist und mich in der Ewigkeit umgeben wird, gut und schön. Aber genau die Frau, die ich liebe, will mich nicht mehr und wird mich auch später nicht mehr haben wollen. Die kommt nicht mehr zurück! Und somit kommen wir unserem „Zuhause-Prinzip“ immer näher: Wir benötigen wohl die eben genannten fünf Elemente, wir brauchen aber auch bestimmte Personen, die uns ans Herz gewachsen sind - vielleicht nicht jeden Tag (wenn es nicht geht), auch nicht nur für uns allein (was allerdings kaum auszuhalten wäre)– aber zumindest regelmäßig. Und somit kommen wir zu einem kleinen „es war einmal“ Märchen als Auflockerung und dann zum „Zuhause-Prinzip“.

Der Titel des Märchens:
Mit jedem Frosch, den Du klatschtest an die Wand, für Dich ein Stück „Traumprinz“ entschwand.

Es war einmal…
eine Königstochter. Die hörte von einem Schloss, in dem ein verwunschener Frosch nur darauf warten würde, geküsst zu werden, um sich sodann in einen Traumprinzen zurück zu verwandeln. Also machte sich die Königstochter auf dem Weg, ihr Glück zu finden.

Auf dem Weg fand sie viele Frösche. Diese quakten der schönen Frau freudig entgegen. Die Königstochter küsste einen nach dem anderen – aber nichts tat sich. Wütend schmetterte sie die armen Tiere gegen die erstbeste Wand, die sie antraf. Ihr Weg färbte sich blutrot.

Im Schloss angelangt, wollte die Königstochter enttäuscht aufgeben. Froschküsse waren ihr schon längst zuwider. Da schaute sie ein Frosch strahlend an. „Na gut – noch ein einziges Mal“, dachte sich die Frau und – schmatz – der Frosch verwandelte sich tatsächlich in einen gutaussehenden jungen Adelsmann. „Da bist Du ja endlich“, himmelte ihn die Königstochter sogleich an, „ich wollte schon aufgeben – gut, dass ich es nicht getan habe. Machst Du mich glücklich?“ Der große, muskulöse und braungebrannte Prachtkerl strahlte sie an: Oh, ja – natürlich!“

„Bist Du reich?“ stellte die Königstochter für sie eine eher rhetorische Frage, da sie glaubte, Traumprinzen seien selbstverständlich reich. „Tja, reich war dummerweise der Frosch mit der Krone, den Du in der Hand zerquetscht hattest. Du hättest Dich nur ein bisschen gedulden müssen, dann hätte er sich entsprechend verwandelt. Aber wie ich sehe, hast Du Dir zumindest seine Krone gesichert“ kam als Antwort zurück. Die Königstochter versteckte, leicht verlegen, ihren Finger, an dem sie sich die Krone als Fingerschmuck aufgesetzt hatte, bevor sie den zerquetschten Frosch auf den Boden geworfen hatte. „Tja, man kann nicht alles haben!, bagatellisierte sie die unangenehme Angelegenheit, „ aber Du bist sicherlich einfühlsam und kannst gut zuhören!?“

„Tja, einfühlsam war leider nur der Frosch, den Du gegen die Brunnenwand geklatscht hattest. Er hätte sich zu den einfühlsamsten Menschen verwandelt; Du hättest nur zwei Sekunden länger warten müssen“, war es dem Prinzen fast peinlich. „Oh, Du meinst den Frosch mit den großen Glubschaugen“, schüttelte die Königstochter ungläubig den Kopf, „aber der war doch so ekelig. Wie sollte ich wissen… dumm gelaufen. Aber Du bist wenigstens ehrlich und sicherlich ein sehr treuer Mann“, fasste die Königstochter neuen Mut.

„Nun, der Treue liegt am Wegesrand. Den hattest Du als Frosch zertreten. Noch im Sterben kroch er hinter Dir her. Er wäre Dir ein treuer Mann geworden, hättest Du nur etwas mehr Geduld mit ihm gehabt“, kam als ernüchternde Antwort. Der Königstochter verschlug es die Sprache nun vollends.

„Im Grunde genommen mache ich genau ein Viertel Deines Traumprinzen aus, und ich habe mich als einziger so schnell in einen Menschen verwandelt, weil ich so notgeil bin. Also, was soll`s, lass uns lieber gemeinsam Spaß haben“, strahlte der Adelsmann wieder und nahm sogleich die Hand der Königstochter, ging mit ihr in sein Gemach – und sie trieben es miteinander drei Tage und drei Nächte lang.

Danach machte sich der gutaussehende Königssohn schnell davon. Er hatte weder Geld, um die Königstochter hübsch ausführen zu können, noch wollte er sich mit der Frau unterhalten. Von Treue hielt er schon gar nichts. Die Königstochter verspürte auf einmal einen gewaltigen innerlichen Schmerz und verwandelte sich selbst in einen Frosch. Ob sie wohl jemals wieder wach geküsst wird, oder eher unbeachtet zertreten wird? Man wird sehen!

Die Moral der Geschicht:

Mit jedem Frosch, den Du klatschtest an die Wand, für Dich ein Stück Traumprinz entschwand!!!

Was übrig blieb, war spannend, aber nicht von Dauer. Du aber wolltest nur den einen, also sei nicht sauer!

4. Leben im „Zuhause-Prinzip“

Ihr Hauptziel, eine ausschließende Zweierbeziehung zu leben, kann natürlich bestehen bleiben. Aber – auf Grund der im Vorangegangenen vorgestellten Einflussgrößen, sind Sie nicht mehr ausschließlich auf Ihr Hauptziel ausgerichtet. Sie bauen die Wahrscheinlichkeit, dass einer von beiden, Ihr Partner / Ihre Partnerin oder Sie selbst, irgendwann einmal jemanden anderen, jemand andere kennen- und liebenlernen könnten, mit ein und versuchen dies nicht persönlich zu nehmen, sondern erkennen diese Wahrscheinlichkeit als einen ganz „natürlichen“ Prozess an.
Sollte es dann so weit sein, werden Sie oder Ihr Partner/in zu hundert Prozent traurig sein – aber Sie beide haben eine Vorkehrung getroffen – Sie beide haben sich nämlich in Ihrer Verliebtheitsphase gleichzeitig eine Art „Mindestversprechen“ gegeben. So haben Sie beide beispielsweise vereinbart, dass sie auf jeden Fall einmal in der Woche zusammensein bleiben werden, weil

- Sie beide erkennen, dass Sie im Herzen ewig verbunden sind und auch bleiben werden, wenn eine dritte Person ins Spiel kommen sollte.
- Sie nicht wollen, dass Ihre gemeinsame Zeit in Vergessenheit geraten und somit quasi als „nie gelebt“ erscheinen soll (was passieren würde, wenn man sich absolut trennen und nicht mehr sehen würde / die Erinnerung an die „alten Zeiten“ würde nur noch weh tun und deshalb würde sie verdrängt)
- Sie weiterhin am Leben Ihrer Partnerin / Ihres Partner teilhaben möchten, auch wenn Sie für ihn / sie nicht mehr die „erste Geige“ spielen würden

- Sie den Dritten oder die Dritte nicht als Kontrahenten / Kontrahentin sehen wollen, sondern sich sagen wollen: Das ist sein / ihr Weg, für den er / sie sich entschieden hat und trotzdem sind wir noch verbunden – und auch für mich wird sich ein neuer Weg ergeben

Für die dritte Person wird es wahrscheinlich auch sehr schwierig; sie bekommt Sie oder Ihren Partner nicht ganz für sich allein, sondern die oder der „EX“ bleibt noch präsent.

Auf der anderen Seite erfährt die dritte Person aber auch, dass für sie das Gleiche gelten wird – auch sie wird niemals mehr ganz allein sein – und das baut Ängste ab, wenn man sich auf diese neue Situation erst einmal seelisch einstellen konnte. Auch aus diesem Grund habe ich dieses Buch geschrieben, damit nicht jeder, der die herkömmliche Beziehungsform nicht mehr praktizieren möchte, auf sich allein gestellt ist und „seine“ neu definierte Beziehungsform erklären muss:

Wer das „Zuhause – Prinzip“ für sich kennen- und als seine neue Beziehungsform liebengelernt hat, braucht nur noch auf dieses Buch verweisen und nicht seine Vorstellungen daher zu stottern und auf unverständliche Gesichtsausdrücke zu schauen! „Hier ließ, dann weißt Du, was ich meine!“

Möglich wäre auch, dass man von vorn herein, nur im „Zuhause – Prinzip“ leben möchte. Dann vereinbaren zwei sich liebende Menschen, dass sie z.B. an fünf Tagen in der Woche zusammen sein wollen und an den verbleibenden zwei Tagen in der Woche jeder für sich ist und tun und lassen kann, was er oder sie möchte. Und „Tun und Lassen, was er oder sie möchte“ ist dann auch so gemeint.

Das mag Ihnen noch alles ungewohnt vorkommen. Aber Sie sind garantiert nicht die Einzige / der Einzige, die oder der den alten Beziehungsweg nicht mehr gehen will. So benennt Hermann Meyer drei verschiedene Grundarten von Entwicklungszyklen, wobei in der höchsten Entwicklungsstufe offene Familien zu finden sind, in denen auch andere Bezugspersonen zugelassen sind. In diesem Stadium sind auch freie Partnerschaften erlaubt, er nennt sie polygame Monogamie.[90]

Wie Hermann Meyer sieht auch Christa Mulack den Kern des Übels im patriarchalen Herrschaftssystem. Vor diesem männlichen System war die biologische Vaterschaft entweder unbekannt oder unbedeutend. *„Sie setzt ja voraus, dass eine Frau ihre sexuellen Kontakte auf einen Mann beschränkt bzw., sich merkt, wann sie zu wem Kontakte hatte – eine wahrlich absurde Vorstellung in einer Zeit, in der monogame Ehen für Frauen als Grundlage der Sozialstruktur nicht existierten. Der biologische Vater war demnach ursprünglich unbekannt. Kinder hatten einen sozialen Vater, den Bruder ihrer Mutter"*[91] Weiter lesen wir *„Zur Einführung der männlichen Erbfolge bedurfte es der Sicherstellung biologischer Vaterschaft. Die aber war nur gegeben, wenn Frauen einer sicheren Kontrolle unterstellt und ihnen die sexuelle Selbstbestimmung genommen wurde. …nunmehr musste die Frau zwecks Heirat ihre Sippe verlassen und in die Sippe des Mannes übersiedeln"*[92]

Sie sehen also: Die heutige Beziehungsform ist gar nicht „normal", sondern wurde vor hunderten von Jahren einfach aufdiktiert!!!

---

90 vgl. Hermann Meyer, Die Gesetze des Schicksals, S. 33, ?.Auflage, Basel 1992

91 Christa Mulack, Wurzeln weiblicher Macht, S. 176/177, ?. Auflage, München 1996

92 Christa Mulack, Wurzeln weiblicher Macht, S. 176/177, ?. Auflage, München 1996

Marianne Williamson trägt für den Sinn von offenen Beziehungen bei, indem sie sagt: *„… der Expartner wird zum Menschen zweiter Klasse. Der neue Gefährte oder die neue Gefährtin fühlen sich oft berechtigt zu fragen: Warum redest du noch mit ihm/ihr? Wir sind doch jetzt zusammen. Wehe der Person, die nicht die Heilung zwischen einem Menschen und seinem Expartner unterstützt. Letztlich werden Sie entdecken, dass sie von einer Person genauso behandelt werden, wie diese schon ihren Verflossenen oder ihre Verflossene behandelt hat. Wir sind eifersüchtig, wir müssen festhalten an dem, was wir haben, weil das EGO in diesem wie in jedem Bereich behauptet, dass nur soundsoviel Liebe zur Verfügung steht und dass das Wohl einer anderen Person das meine schmälert. Das EGO ist der Glaube an begrenzte Ressourcen, aber die Liebe ist unendlich und unerschöpflich. Wenn irgendeinem Teil eines Systems Liebe hinzugefügt wird, bedeutet das einen Zuwachs für alle Teile. Liebe lässt nur mehr Liebe entstehen.“*[93]

Mit dem „Zuhause – Prinzip“ kann allmählich verstanden werden, dass der (Ex)partner vielmehr zum Beispiel mit seinen verschiedenen Selbsten zu kämpfen hat,[94] oder mit seinem Freiheit/Liebe – Konflikt usw. . Indem man mit seinem (Ex)partner in regelmäßigen Zeitabschnitten zusammenkommt, verliert man keinen geliebten Menschen, sondern kann nur dazugewinnen.

Übrigens: Regelmäßigkeit entspricht Ewigkeit! Regelmäßigkeit ist die einzige Form der Ewigkeit, die in der Zeit gelebt werden kann!

Das verstehen jedoch vorerst nur die Personen, die von ihren alten Beziehungsmustern die „Schnauze“ voll haben und eine Alternative ausprobieren möchten. Das „zusammenleben“ im „Zuhause

93 Marianne Williamson, Rückkehr zur Liebe, S. 160, 1. Auflage, München 1993

94 Hal und Sidra Stone, Du bist viele, S. 80 (Abbildung), 3. Auflage, München 1997

– Prinzip“ ist in einer „Haben“ orientierten Gesellschaft höchst schwierig zu vermitteln. Die Problematik kann man am besten mit dem Werte- und Entwicklungsquadrat von Friedemann Schulz von Thun darstellen:

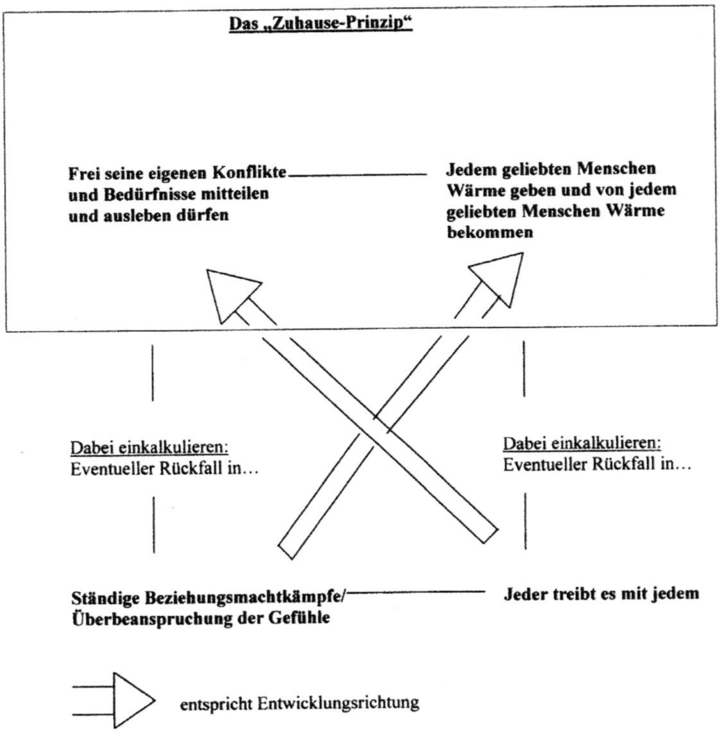

[95]

Bei dem Ziel des „Zuhause – Prinzips“ kann es leicht zu konträren Situationen kommen, dass man das Prinzip mit einem „Jeder treibt es mit jedem“ verwechselt, weil man nur die reine Monogamie kennt und moralisch akzeptieren mag. Es kann in der Tat auch eine

---

95 vgl. Friedemann Schulz von Thun, Miteinander rden 2, S. 38ff., ?. Auflage, Reinbeck bei Hamburg 1997

zeitlang zu ständigen Beziehungsmachtkämpfen kommen, weil man die Bedürfnisse des (Ex)partners nicht versteht oder nicht verstehen will. In einem wahrscheinlichen Entweder/Oder Denken können die Gefühle stark in Anspruch genommen werden. Aber nur im „Zuhause – Prinzip“ kann man, meines Erachtens, in Liebe das nicht Persönlichnehmen von Beziehungskonflikten erlernen. Bei Erfolg hat man seinen geliebten (Ex)partner nicht verloren, sondern an Liebe, Verständnis und neue liebenswerte (intime) Menschen hinzugewonnen. Der Entwicklungsweg ist, wie gesagt, äußerst schwierig, aber auch äußerst lohnenswert!

Außerdem: Reine Monogamie liegt nur bei Paaren vor, die vor ihrer Beziehung noch nie mit jemand anderen geschlafen haben und auch niemals mit einer anderen Partnerin jemals schlafen werden. Bei den üblichen „Beziehungsabschnittspartnern“ herrscht keine wahre Monogamie vor, sondern lediglich eine sich selbst vorgegaukelte Monogamie. Um nicht mit zwei Frauen / Männern schlafen zu „müssen“ (wenn es im Geheimen nicht schon längst durchgeführt worden ist), baut der- oder diejenige, der oder die sich vom jetzigen Partner / jetzigen Partnerin eine künstliche Streitsituation (meist um Unwichtigkeiten) auf, um die nötige Wut aufzubauen, um die Trennung von dem jetzigen Partner / Partnerin überhaupt durchführen zu können. In dieser Phase wird versucht, die „Restliebe“ zu vernichten, damit man sich ein Alibi, eine nachvollziehbare Begründung schaffen kann, die den Beziehungswechsel rechtfertigt. Und wenn es vollbracht ist, kann man seine Hände in Unschuld waschen und wieder so tun, als ob man wieder treu sein kann. Und die neue Partnerin / der neue Partner glaubt auch noch, dass nun das ewige Glück gefunden ist!

Nun ja, sollen sie es doch tun, wie bisher und sich einerseits mit ewigen bewussten oder latenten Schuldgefühlen und anderseits mit ewiger Trauer verlassen worden zu sein, auseinandersetzen. Wir – Sie und ich wollen dies nicht mehr.

Unsere Liebe wird auf keinen Fall mehr so aussehen, wie wir es schon zu Genüge kennen: Das heißt, keine reine Objektliebe mehr!! Objektliebe hält nicht „Liebe“ hoch, sondern immer nur den Namen einer Person. Erst glauben wir zum Beispiel, dass Franz unsere große Liebe darstellt

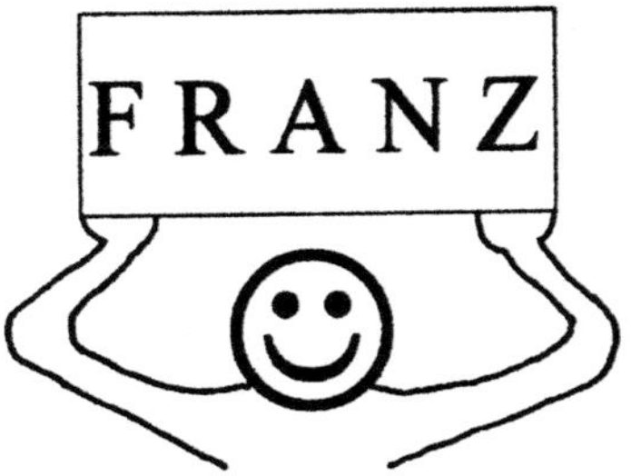

Irgendwann ist dann Franz nicht mehr unsere große Liebe. Vielleicht weil er nicht mehr nett zu uns ist, oder weil wir selbst keine Lust mehr auf Franz haben -

Wenn Franz uns verlässt, sind wir allein und höchst wahrscheinlich traurig. Wenn wir Franz verlassen, sind wir höchst wahrscheinlich froh, allein zu sein. Nehmen wir einmal Variante 2 an

Aber auch wenn uns Traurigkeit erspart bleibt und wir froh sind, Franz loszuwerden und wieder frei und allein zu sein, wird uns dieses Alleinsein irgendwann sicherlich auf die Nerven gehen…

Bis wir endlich ein neues Objekt unserer Liebe gefunden haben, vielleicht Helmut -

Bis auch Helmut nicht mehr unsere große Liebe ist –

Und wieder sind wir allein.

dieses „Beziehungsspiel“ könnten wir ein Leben lang weiterspielen. Oder wir versuchen einmal etwas anderes – rein zufällig hätten wir das „Zuhause – Prinzip“ im Angebot. Im „Zuhause – Prinzip“ werden wohl immer noch Objekte geliebt, aber hochgehalten wird unsere von „innen erfahrbare“ Liebe, nicht mehr das Objekt unserer Liebe. Das heißt, wir sind diese Liebe, wir lieben uns selbst und weiten unsere Liebe aus, also erst auf Franz, dann weiter auf Helmut, aber vielleicht auf noch einen anderen Mann.

Vielleicht haben wir heute Helmut wesentlich lieber als Franz, vielleicht weil wir mit Helmut zurzeit viel besser zusammenleben können, als mit Franz. Vielleicht hat Helmut gerade den Lebensweg eingeschlagen, den wir selbst auch eingeschlagen haben, und Franz hat keine Lust auf diesen Weg und möchte einen anderen, für ihn sinnvolleren Weg einschlagen. Aber einen Teil von Franz werden wir immer lieben, nämlich sein „wahres, sein göttliches Selbst". Und im „Zuhause – Prinzip" werden wir es auch weiterhin aktiv weiterlieben – regelmäßig. Er bleibt Teil unseres Lebens und verschwindet nicht in unserer Vergangenheit, also gänzlich – als wenn es ihn nie gegeben hätte.

Alles was wir im Leben einmal in unserem Herzen aufnehmen, nimmt einen Teil unseres Herzens in Anspruch. Und bleibt auch in unserem Herzen, ob wir wollen oder nicht. Wir können höchstens so tun, als wäre er nicht mehr dort – aber das ändert an der ewig eingebrannten Verbindung nichts – sondern kann letztendlich nur wehtun – und somit versuchen wir, ihn immer weiter zu verdrängen – na ja – damals taten wir es – jetzt im „Zuhause – Prinzip" natürlich nicht mehr!

Alles bleibt im Herzen und wird aktiv erlebt, lediglich die Zeitintervalle / Zeitanteile werden hier und da variiert. Derjenige, mit dem wir zurzeit am besten leben können, erhält von uns entsprechend die meiste Lebenszeit. Aber keiner bleibt zeitmäßig vergessen und unberücksichtigt. Auch unsere Eigenliebe nicht. Der geben wir auch Zeit, Zeit, in der wir nur mit uns allein sind.

Das hört sich sicherlich alles so fremd, scheinbar so einfach und doch sehr kompliziert an. Aber vergessen Sie nicht die Worte von Christa Mulack und Marianne Williamson:

Kern des Übels im patriarchalen Herrschaftssystem. Vor diesem männlichen System war die biologische Vaterschaft entweder unbekannt oder unbedeutend.[96]

„Das EGO ist der Glaube an begrenzte Ressourcen, aber die Liebe ist unendlich und unerschöpflich. Wenn irgendeinem Teil eines Systems Liebe hinzugefügt wird, bedeutet das einen Zuwachs für alle Teile. Liebe lässt nur mehr Liebe entstehen.“[97]

96vgl. Christa Mulack, Wurzeln weiblicher Macht, S. 176/177, ?. Auflage, München 1996

97 Marianne Williamson, Rückkehr zur Liebe, S. 160, 1. Auflage, München 1993

4.1 Die Beziehungsformen im Vergleich:

An dieser Stelle möchte ich einen Vergleich darstellen: Beziehungsabschnittspartner zu „Zuhause-Prinzip“.

Die Ausgangssituation soll die gleiche sein. In beiden Fällen lernen Sie Franz kennen und sind in ihn verknallt – und möchten mit ihm zusammen sein – und mit ihm alt werden -> das klassische Modell halt.

Während Sie im Modell „Beziehungsabschnittspartner“ (was Sie und Franz natürlich gar nicht vorhaben, aber aufgrund der im ersten Teil des Buches ausführlich beschriebenen Probleme, irgendwann unvermeidlich eintreten wird) so tun, als wenn eine ausschließliche Zweierbeziehung möglich sei, werden Sie im „Zuhause –Prinzip“ im Vorfeld schon besprechen, wie sie sich verhalten wollen, wenn der Fall (den in diesem Moment der Verliebtheit gar keiner von Ihnen beiden für möglich hält) tatsächlich eintreten sollte – nämlich der Fall, dass sich einer von Ihnen einmal in eine andere Person verlieben sollte. Wahrscheinlich könnte es hier etwas Stress geben („Wieso redest Du von Trennung? Willst Du denn gar nicht ein Leben lang mit mir zusammen sein!?), aber letztendlich einigen Sie sich darauf, dass Sie im Fall der Fälle ein bis zwei Mal in der Woche auf jeden Fall zusammen sein wollen – egal, was passiert. Und damit Sie beide auch wissen, wie sich das anfühlt, üben Sie schon `mal gemeinsam den Ernstfall – Sie sehen sich einen Monat lang `mal nur zwei Tage in der Woche und verbringen die restliche Zeit allein für sich. Wie gesagt, das wird mit Sicherheit Verwirrung bringen – aber Brandschutzübungen werden auch durchgeführt, obwohl es gerade gar nicht brennt! Diese Übungen bringen auch Verwirrung, aber wenn es tatsächlich brennen sollte, wissen alle Beteiligten, was zu tun ist!

Soweit so gut – in den ersten Jahren läuft alles prima (nur im „Zuhause-Prinzip“ werden regelmäßig diese komischen Übungen praktiziert) – bis Franz einen super Job angeboten bekommt. Der neue Job macht Franz richtig Spaß und er geht dort richtig auf – dummerweise bis zu 10 Stunden am Tag. Zu Ihnen kommt er immer öfter glücklich, aber todmüde, nach Hause. Er verbringt immer weniger Zeit mit Ihnen, im Bett läuft auch kaum noch was ab. Natürlich sagen Sie, was Sie davon halten – nämlich gar nichts, obwohl Sie es natürlich für Franz toll finden, dass er soviel Erfolg im Job hat. Aber nicht auf Dauer auf Ihre Kosten! Und Franz gelobt Besserung. Und Franz bessert sich tatsächlich, aber nur für kurze Zeit. Schlimmer noch, mittlerweile bleibt er sogar manchmal über 12 Stunden am Tag weg. Irgendwann haben Sie die Schnauze voll und, ups – rein zufällig lernen Sie Helmut kennen. Helmut hat viel Zeit für Sie. Und Sie für Helmut, autsch!

Und jetzt wird es spannend. Im ersten Modell (Lebensabschnittspartner) verschweigen Sie Ihren „Fehltritt“, weil Sie genau wissen: Wenn Franz davon etwas mitbekommen sollte, wäre sofort Schluss. Und das wollen Sie nicht, weil Sie Franz ja eigentlich lieben (wenn er denn da wäre). Wie es der „Teufel“ will, treffen Sie Helmut nun öfters, was Ihnen natürlich gut tut, wenn da nicht das schlechte Gewissen gegenüber Franz wäre. Aber Franz kriegt ja nichts mit – ist ja quasi eh ständig zur Arbeit. Und die Treffen mit Helmut werden immer häufiger und immer intensiver – bis Sie sich sagen: „Jau, der ist es. Mit Helmut kann ich das Leben leben, wie es mir gefällt.“ Und Helmut ist der gleichen Meinung. Und Franz kriegt noch immer nichts mit. Nun müssen Sie Franz loswerden, aber das ist gar nicht so einfach, irgendwie lieben Sie ihn ja immer noch. Also müssen Sie Situationen schaffen, in denen Sie sich so richtig von Franz „entlieben“ können. Und die schaffen Sie dann auch: Alles, was Sie bislang nur etwas geärgert hat, plauschen Sie nun derart auf, als wenn es ein „Staatsverbrechen“ sei, dass Franz `mal wieder vergessen hat, den vollen Mülleimer mit zu nehmen, wie Sie beide es vereinbart hatten. Überhaupt ist nun alles ganz schlimm, was Franz so macht, oder auslässt. Sie steigern sich so richtig schön rein, und auch Franz wird nun richtig wütend, weil er die Welt nicht mehr versteht: „Warum ist dir das alles auf einmal so wichtig, das war es doch sonst nicht!“ Aber das hören Sie gar nicht mehr, sondern holen zum Rundumschlag aus: Alles was Franz macht ist in Ihren Augen Scheiße! Und Franz meckert zu Recht zurück! Ja – aber nun sind Sie verdammt wütend – Sie haben sich die gesamte „Restliebe“ zu Franz weg geschrieen, jetzt kann der Hammer folgen: „Und übrigens, Franz – ich habe Helmut kennen gelernt – und ich verlass Dich jetzt – viel Spaß noch mit deinem tollen Job!“ „Wer verdammt noch `mal ist Helmut?“ fragt Franz verwundert nach – er hat noch immer nichts mitgekriegt – als Antwort gibt es noch die zuknallende Wohnungstür – und Sie sind weg. Durch das Fenster kann dann Franz noch kurz Helmut beim Weggehen sehen - mit Ihnen im Arm natürlich – dann ist absolute Stille. Der Lebensabschnitt ist beendet.

Im Modell „Zuhause-Prinzip“ lernen Sie ebenfalls Helmut kennen – aber Sie trauen sich, Franz den Ernst der Lage mitzuteilen. Nun hat Franz die Möglichkeit zu entscheiden: Job oder Sie. Natürlich will er sich nicht entscheiden. Er will beides. Was er auch kann, er gesteht sich und Ihnen ein, wie wichtig ihm der Job ist, ihm ist allerdings auch bewusst, dass er Sie ständig vernachlässigt. Die Lösung, die im „Zuhause-Prinzip“ möglich ist: Er lässt Sie mit Helmut ziehen, Sie beide treffen sich aber noch regelmäßig ein bis zwei Tage in der Woche – und an diesen Tagen, nimmt er sich für Sie wirklich Zeit. Nun sind tatsächlich alle mehr oder weniger glücklich: Sie haben Zuneigung pur: 5 Tage Helmut und 1-2 Tage Franz. Franz hat Sie nicht verloren und kann seinem zeitintensiven Job nachgehen. Und Helmut hat Sie, auch wenn er 1-2 Tage in der Woche auf Sie verzichten muss. Und das geht lange gut.

Franz lernt zwischenzeitlich eine nette Frau in der Firma kennen, die genauso ehrgeizig ist wie er und Sie beiden vereinbaren, Ihre gemeinsamen Treffen auf das Mindestmaß „einmal im Monat" zu reduzieren, was natürlich auch ganz im Sinne von Helmut ist.

Nach ein paar Jahren, zusammen mit Helmut, ergeben sich sowohl im Modell „Lebensabschnittspartner" als auch im Modell „Zuhause-Prinzip" folgendes: Helmut geht diese ausgiebige Nähe mit Ihnen doch allmählich so langsam gegen den Strich. Früher fand er es noch toll, mit Ihnen oft tagelang romantische Zweisamkeit zuhause zu verbringen, mittlerweile sehnt er sich aber nach gemeinsamen Aktivitäten mit seinen Kumpels: Sport treiben (Bundesliga gucken), saufen und Spaß haben – kleiner Harken, ohne Frauen! Er versucht es Ihnen beizubringen, stößt aber nicht auf viel Verständnis („Ach, kuscheln ist doch viel schöner. Komm wir machen einen schönen Candelnight – Abend - und ich verwöhn Dich!"). Hört sich verlockend an – hatte Helmut mit Ihnen aber schon zu genügend – er will zu seinen Kumpels. Und wie es der Teufel will, lernt er rein zufällig die verständnisvolle Wirtin kennen, die sagt: „Helmut, kann ich verstehen – ein Mann muss mit Männern zusammen sein. Eine Frau im Bett reicht völlig aus!" Und Helmut lernt die Wirtin näher kennen. Und natürlich kriegen Sie davon nichts mit – denn Helmut weiß genau, wenn Sie es wüssten, dann wäre Schluss – und das will Helmut nicht – noch nicht. Wie es weiter geht, können Sie oben nachlesen (nur mit umgekehrten Vorzeichen). Und dann kommt der Hammer – und Helmut ist dann \`mal bei der verständnisvollen Wirtin – und Sie, ja Sie sind dann \`mal allein!!!

Im Modell „Zuhause-Prinzip" lernt Helmut ebenfalls die Wirtin kennen – aber er teilt es Ihnen mit. Nun können Sie entscheiden, ob Sie Helmut zu seinen Männerabenden ziehen lassen wollen, oder nicht. Sie haben aber keine Lust, wieder einen Mann nur abends zu sehen (ob er nun auf Arbeit ist oder in der Kneipe, auf jeden Fall eben nicht bei Ihnen) – und Sie verständigen sich darauf – dass Sie beiden 1-2 mal in der Woche zusammenkommen werden, dann aber ohne Kumpels, sondern mit Zeit, ausschließlich für Sie! Helmut ist einverstanden und geht ab in die Kneipe – Sie sind zwar traurig, aber besser nur intensive ein bis zwei Tage in der Woche mit Helmut, als ihn ständig in der Kneipe zu wissen (mit der verständnisvollen Wirtin). Zudem sehen Sie ja auch noch Franz einmal in Monat – und das auch immer noch recht intensiv. Wenn es Ihnen zu langweilig wird – Sie brauchen ja nur ein paar Tage zu warten, bis Sie Helmut oder Franz wieder sehen.

Und in der Zeit des Alleinseins geht es Ihnen im „Zuhause-Prinzip" eigentlich recht gut, zu mal, weil Ihnen Franz ja gezeigt hat, dass man recht schnell wieder einen Partner finden wird und Sie zudem ja nicht wirklich allein sind – und ein bisschen `mal nur für sich sein, wird Ihnen sicherlich auch nicht schaden. Im Modell „Lebensabschnittspartner" befürchten Sie jedoch, dass Sie ziemlich lange allein sein werden. Sie haben keine Abwechslung und auch keinen Kontakt mehr zu Helmut oder Franz. Auch die Erinnerungen haben Sie nicht mehr, weil es Sie einfach nur traurig machen würde, sich an die „alten guten Zeiten" zu erinnern. Sie leiden wirklich!

Aber, dann lernen Sie in beiden Modellen endlich Andy kennen. Im Modell „Lebensabschnittspartner" werfen Sie sich Andy quasi an den Hals – endlich wieder ein Mann! Im „Zuhause-Prinzip" freuen Sie sich auch über die neue Beziehung, gehen die Sache aber doch etwas lockerer an.

Nun könnte die Geschichte im Modell „Lebensabschnittspartner" ewig so weiter gehen, während wir im Modell „Zuhause-Prinzip" wirklich zu einem „Happy End" kommen werden: Denn egal, ob

Andy Sie irgendwann einmal wieder „verlassen" sollte und sich mit Ihnen nur noch 1 – 2 mal in der Woche treffen würde – es würde Ihnen sicherlich, so oder so, ausreichen – denn mittlerweile gibt es in Ihrem Leben drei liebe Männer, die Sie regelmäßig sehen. Mehr brauchen Sie, weiß Gott, nicht, Sie haben genug Geborgenheit und Abwechslung – ob Sie nun jeden Tag mit einem Mann zusammen sein können oder ein paar Tage in der Woche auch allein sein müssten – es reicht Ihnen (und das nicht im negativen Sinne!).

Modell: „Lebensabschnittspartner" Modell: „Zuhause-Prinzip"

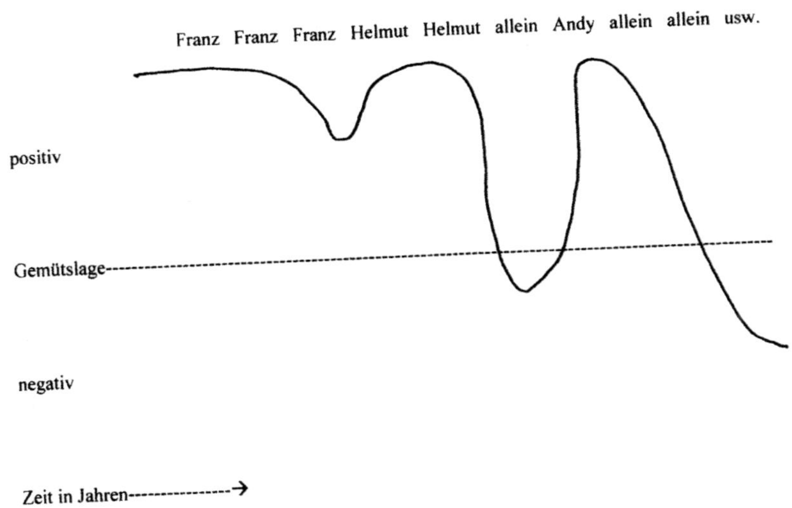

Wenn man sich den Monatsplan und die Beziehungsverbindungen des „Zuhause-Prinzips“ anschaut, könnte man meinen: Wenn das die Partner von Ihnen genauso handhaben, treibt es ja jeder mit jedem!“ Aber, auch wenn es im ersten Schein so aussieht, stellt es tatsächliche TREUE dar – nicht für einen Mann, sondern Treue für drei Männer. **Ewige Verbundenheit – in einer Ewigkeitsform, die im Raum/Zeit Gefüge erlebbar ist durch Regelmäßigkeit!**

Mehr werden kaum hinzukommen (Begründung siehe oben), während sich die Zahl der Sexualpartner im Modell „Lebensabschnittspartner“ auf Zeit betrachtet auf gut und gerne 10 Personen (und bei manchen sogar noch mehr) ausweiten kann (je nachdem, wie oft Beziehungen beendet und neue Beziehung wieder aufgenommen werden). Also auch nur eine „scheinbare“ Monogamie.

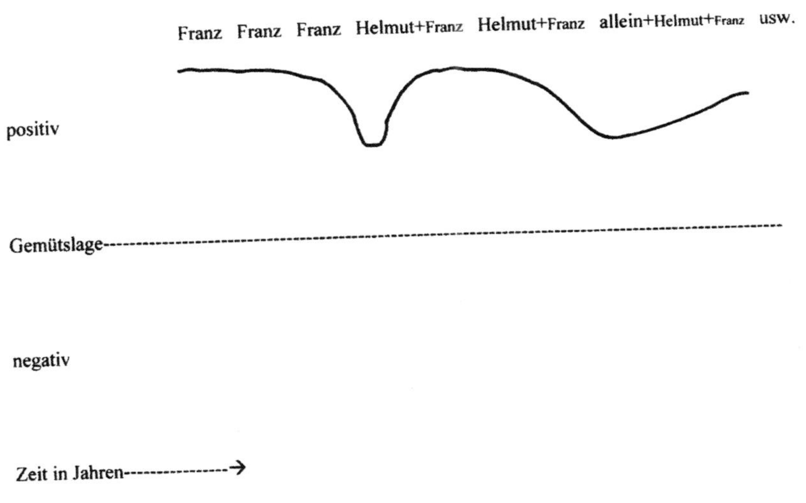

Montagskalender

1	2	3	4	5	6	7
Helmutallein		Andy	Andy	Andy	Andy	Andy
8	9	10	11	12	13	14
Helmutallein		Andy	Andy	Andy	Andy	Andy
15	16	17	18	19	20	21
HelmutFranz		Andy	Andy	Andy	Andy	Andy
22	23	24	25	26	27	28
Helmutallein		Andy	Andy	Andy	Andy	Andy

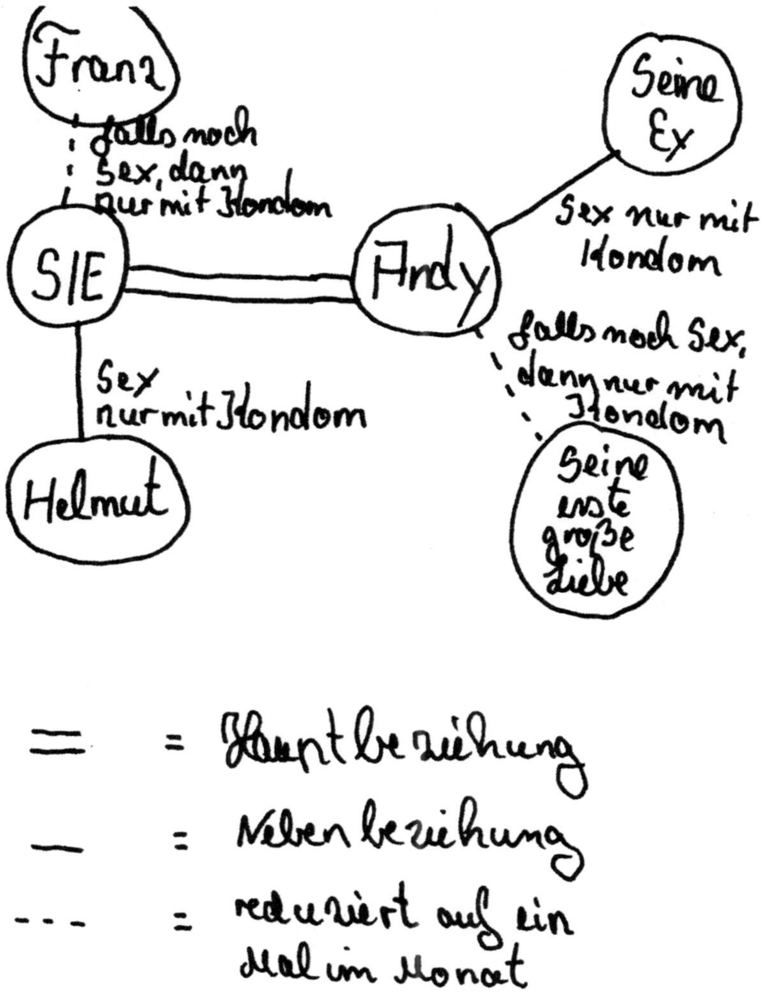
Franz
falls noch Sex, dann nur mit Kondom
Seine Ex
Sex nur mit Kondom
SIE
Andy
falls noch Sex, dann nur mit Kondom
Sex nur mit Kondom
Helmut
Seine erste große Liebe
= Hauptbeziehung
= Nebenbeziehung
= reduziert auf ein Mal im Monat

Zwei Varianten im „Zuhause-Prinzip"

Es gibt zwei Varianten des „Zuhause-Prinzips". Die erste Variante stellt die obige Beschreibung dar (Sie versuchen mit nur einem Menschen in einer ausschließenden Zweierbeziehungen glücklich zu werden, schließen aber den Ernstfall, einer von Ihnen beiden könnte sich irgendwann einmal in eine andere Person verlieben, nicht aus und versprechen sich im Vorfeld, dass Sie beide in diesem Fall nicht komplett auseinander gehen werden, sondern Ihre Nähe zueinander auf 1 bis 2 Tage in der Woche reduzieren werden). Die zweite Variante ist: Sie vereinbaren sofort zu Beginn der Beziehung (also von vornherein) gemeinsame Tage und Tage, an denen beide voneinander getrennt sind und jeder für sich macht, was er will, also völlig frei ist. Und Sie beide auch wirklich völlig frei meinen, d.h. jeder Partner kann in dieser Zeit, faulenzen, seinen Hobbys nachgehen, eigene Bekannte aufsuchen, einen Expartner aufsuchen, ein wildes Sexualleben führen, oder gelangweilt vor dem Fernseher sitzen. Frei und doch verbunden. Es könnte ein Konzept sein, was vielleicht tatsächlich ewig hält, weil keiner etwas vermissen braucht, keine Schuldgefühle haben muss, keine Verlustängste usw. Wenn man sich in seiner „freien Zeit" wirklich nur langweilen sollte, braucht man nur zu warten, bis man sich wieder mit Franz trifft. Der Monatsplan würde dann in etwa so aussehen: Im „Zuhause-Prinzip" liebt man nicht nur ein anderes EGO, sondern man liebt die Liebe selbst. Man liebt quasi ein System, wie das eigene ICH selbst ein System darstellt (siehe die zitierten Textstellen bzw. Vergleiche mit/von Stone, Hal und Sidra: Du bist viele) und die Darstellung der Rosenkreuzer (im Buchkapitel: Die vielfältigen Persönlichkeiten im Menschen): *„Wir sind immer gewohnt, uns selbst, die ICH – Persönlichkeit, als Mensch zu bezeichnen. In Wirklichkeit ist jedoch das gesamte Wesen viel mehr als das, was normalerweise unter Mensch verstanden wird. Es muss in seiner Gesamtheit als* **Mikrokosmos** *bezeichnet werden, als eine Welt im Kleinen."*[98]

98 Rosenkreuzer, Informationsbrief Nr. 4, S.4, ?. Auflage, Verlagsort und

Montagskalender

1	2	3	4	5	6	7
allein	allein	Franz	Franz	Franz	Franz	allein
8	9	10	11	12	13	14
allein	allein	Franz	Franz	Franz	Franz	allein
15	16	17	18	19	20	21
allein	allein	Franz	Franz	Franz	Franz	allein
22	23	24	25	26	27	28
allein	allein	Franz	Franz	Franz	Franz	allein

Ich möchte an dieser Stelle zusammenfassen, was einen Menschen im „Zuhause-Prinzip" ausmacht: Er möchte mit geliebten Menschen zusammen sein und dabei nicht andere geliebte Menschen ausschließen müssen. Er möchte auch frei sein, mit sich allein sein, Neuem offen stehen dürfen und doch Beständigkeit erleben dürfen. Und alle, die sich mit ihm verbunden fühlen, sollen das Gleiche leben dürfen – und all dies am besten gleichzeitig, mindestens jedoch regelmäßig. In dieser Welt kann nicht alles gleichzeitig erlebt werden, sondern nacheinander, deshalb muss ein Zustand losgelassen werden, um einen neuen Zustand erreichen zu können. Im „Zuhause-Prinzip" ist dies regelmäßig möglich: loslassen und festhalten dürfen. Stellen Sie sich noch einmal bewusst vor: Sie lassen Ihren Partner zum Beispiel drei Tage in der Woche los, lassen ihn wirklich machen und tun, was er will – und Sie selbst tun dies ebenso – und sie kommen regelmäßig wieder zusammen.

Loslassen und Festhalten dürfen. Liebe kann nur Liebe vermehren. Angst kann entsprechend nur Angst vermehren.

Und hier das Ganze in einer Zeichnung dargestellt:

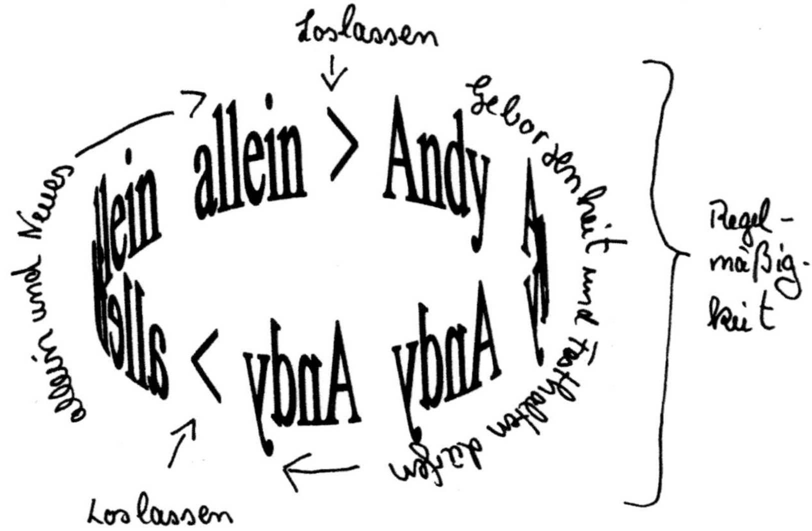

Sehen Sie sich diese Zeichnung ruhig länger an, denn sie erscheint beim ersten Mal sehr kompliziert und irritierend. Im „Zuhause-Prinzip“ durchleben Sie jede Woche all das, was sich beim Modell „Lebensabschnittspartner“ ebenfalls abspielen wird. Nur kann es dort Jahre dauern und wird Sie oft gerade dann „ereilen“, wenn Sie gar nicht darauf vorbereitet sind und es somit überhaupt nicht wollen:

Geborgenheit und Festhalten dürfen werden Sie im Modell „Lebensabschnittspartner“ auch leben, doch wenn Ihr Beziehungspartner die Beziehung zu Ihnen auflöst wird dieses Bedürfnis je unterbrochen, und Sie werden in den Bereich „allein und Neues“ (allein sein und Mut zu Neuem) fallen, ohne darauf vorbereitet zu sein. Dementsprechend können Sie mit Ihrem Alleinsein in diesem Moment gar nichts anfangen, weil Sie nicht darauf vorbereitet sind und für sich diesen Bereich auch nicht selbst gewählt haben. Mut zum Neuen würden Sie nur notgedrungen aufbringen, weil Sie ja gar nicht allein sein wollen. Bis Sie dann endlich eine neue Beziehung finden, kann unter Umständen sehr lange dauern. Und bis Sie sich dann endlich wieder geborgen fühlen und sich trauen, wieder festhalten zu dürfen, kann ebenfalls sehr lange dauern. Mit jedem neuen Beziehungsende fallen Sie erneut in eine „Schockphase“. Das Element „Loslassen“ erfahren Sie wahrscheinlich seltener als im „Zuhause-Prinzip“, dafür aber oft völlig unerwartet und völlig ungewollt. Werden Sie verlassen, baut sich sofort Angst auf – verlassen Sie selbst, werden Sie ein schlechtes Gewissen haben, aber auch gleichzeitig Angst – weil, was Sie mit anderen können, können Andere auch mit Ihnen machen. Nach einer langen Zeit der „Lebensabschnittspartner“ wird Sie Ihre Angst derart „ausgelaugt“ haben, dass Sie lieber immer allein sind, weil Sie den Beziehungsstress nicht mehr mitmachen möchten – oder Sie schleppen sich noch ein letztes Mal in eine Beziehung (und Ihr neuer Lebenspartner vielleicht auch) und bleiben zusammen, nur aus dem Grunde, weil Sie beide gar keine Kraft mehr haben, sich weiterzuentwickeln und somit sich auch nicht mehr „auseinander“ zu entwickeln. Eine Beziehung quasi, ohne Entwicklung, ohne Liebe – einfach nur noch um sich gegenseitig zu stützen und Ihre „Beziehungswunden“ zu lecken. Und sollte dann auch noch diese Beziehung auseinander gehen, ist die Gefahr groß, dass Ihre Angst auf Selbstzerstörung umstellt.

Nun ja – so unschön, so schlecht. Die meisten Menschen werden wohl weiterhin nach der Möhre „Irgendwann werde ich meine Traumprinzessin / meinen Traumprinzen finden und ewig zu zweit bis zum Lebensende glücklich sein“ hinterher jagen und sich somit weiter in „Lebensabschnittspartnerbeziehungen“ rumtümmeln. Und dieses Buch mit seiner Vorstellung des „Zuhause-Prinzips“ soll nicht das Null plus Ultra darstellen – nur dies ist Super, sonst gar nichts - sondern lediglich – aber das bestimmt- **ein Grundwerk für eine Alternativ Beziehungsform mit Konzept zum Hausgebrauch** – und nicht mit der Botschaft: Die bisherige Beziehungsform ist im Endeffekt scheiße, aber diese Alternative auch. Super, dass Sie bis hierhin alles gelesen haben, bringt Sie aber auch nicht weiter. Ziel ist es, dieses Grundwerk soweit bekannt zu machen, so dass viele Menschen etwas damit anfangen können, wenn Sie in den nächsten Kontaktanzeigen folgendes zu lesen bekommen:

Kontaktanzeigen

demnächst nicht nur so…

> **Nette blonde Frau, 37 J., 1,75 groß, 70 kg, Bürokauffrau, sportlich und reiselustig, aber gern auch bequeme Sofakuschlerin, sucht großen Mann mit Niveau für ein gemeinsames Leben zu zweit**

sondern auch so…

> **Nette blonde Frau, 37 J., 1,75 groß, 70 kg, Bürokauffrau, sportlich und reiselustig, aber gern auch bequeme Sofakuschlerin, sucht großen Mann mit Niveau für ein Leben im „Zuhause-Prinzip“**

5. Ihre Reise in die „Lernschule" „Liebe erkennen und Liebe leben im „Raum/Zeit-Gefüge"" hat längst begonnen

Sie als Lichtwesen befinden sich schon längst nicht mehr in der Ewigkeit, in der ewigen Liebe und im „Inneren Frieden". Sie haben schon längst den Weg in die Lernschule Raum/Zeit aufgenommen, und Ihr ehrgeiziges Ziel ist es, Ihre wahre Natur in dieser „Erdenwelt" wieder zu erkennen. Und mit Ihnen, all Ihre wieder gefundenen Begleiter.

Sie wissen von all dem nichts, weil längst der Mantel des „Vergessens" über Sie gestreift ist, denn nur, wenn Sie ohne Vorwissen Ihre wirkliche Natur wieder entdecken, können Sie tatsächlich in den ewigen inneren Frieden zurückkehren und hätten ihn dann auch ewig.

Wandern Sie durch die Zeit, durch den Raum, mit dem Wissen, dass Sie ganz speziell Ihre Eltern ausgesucht haben, um Ihre selbst abgesteckten Lernziele zu erreichen (siehe Kapitel: „Ein neuer Mensch wird geboren"). Gehen Sie Ihren Weg, mit dem Wissen, dass Sie sich vorab in der Ewigkeit mit anderen abgesprochen haben, sich zu finden und gemeinsam zu lernen. Mit dem ersten Beziehungspartner werden Sie den ersten gefunden haben und Liebe und Geborgenheit empfinden. Aber auch der zweite und vielleicht auch dritte wird Sie finden oder Sie ihn, weil Sie sich in dieser Welt anziehen werden. Und Sie werden, sobald Sie sich gefunden haben, erneut Liebe empfinden – und diese Liebe wird auch wahr sein, wie bei Ihrem ersten „gefundenen" Liebespartner. Und unterliegen Sie nicht der Versuchung Ihres „ICHs" sich zwischen Liebe und Liebe entscheiden zu müssen, sondern wählen Sie „sowohl/als auch" – denn das ist, was Sie bereits in der Ewigkeit entschieden haben. Ihr EGO weiß davon noch weniger als Sie, Ihr EGO sieht nur die

Unbeständigkeit dieser Erdenwelt, die Angst, die mit all dem „Unwirklichen“ dieser Welt verbunden ist. Und das EGO will Sie vor allen Unannehmlichkeiten beschützen. Aber noch mal: Ihr EGO versucht Sie zu beschützen, aber bezogen auf diese Umwelt! Weil es keine andere Welt sieht! Ihr Ziel ist es ja, diese Welt als unwirklich zu erkennen und sich als „Lichtwesen“ wieder erkennen zu können – und somit auch Ihre „Seelenpartner“ wieder zu erkennen – und schließlich auch Ihr verwirrtes EGO wieder heim in die Ewigkeit zu bringen.

Und weil das gerade Gesagte so wichtig ist, das Ganze zur Wiederholung in kleinen Schritten:

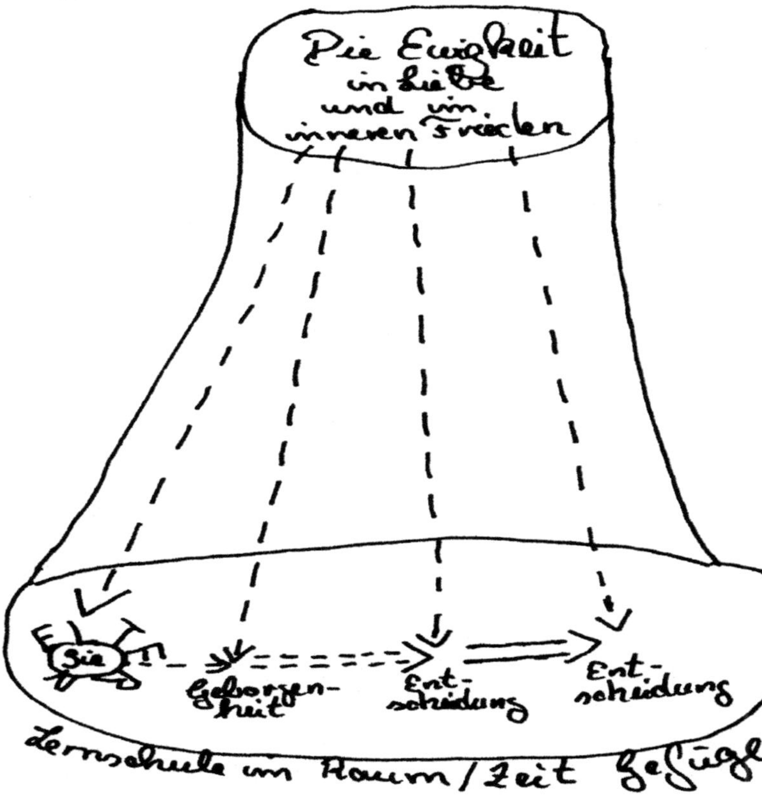

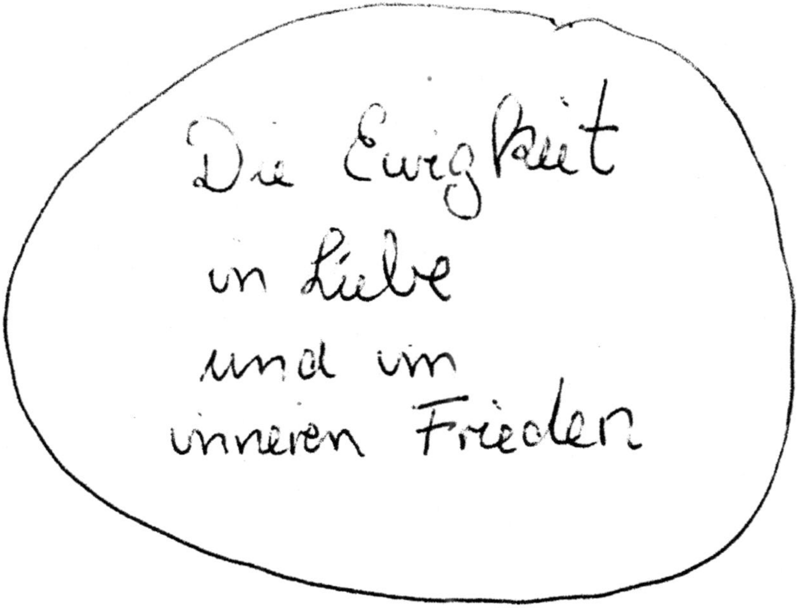

Ausgangspunkt ist die Ewigkeit in Liebe und im inneren Frieden – wie diese Ewigkeit auch immer aussehen mag – Sie (und sehr viele andere) sind noch nicht bereit dazu, dort für immer zu verweilen – Sie bedürfen noch ein paar Lektionen, um auf Dauer den inneren Frieden zu erlangen.

Wenn Sie sehr großes Glück haben, brauchen Sie nur noch eine klitze kleine Lektion, eine Mini Lektion, die Sie innerhalb einer glücklichen Kindheit und in einer harmonischen Zweier- Liebesbeziehung erlernen können - aber, das ist eher unwahrscheinlich – meistens gilt es weit aus mehr zu lernen. Und das beginnt schon mit der Kindheit:

Sie

Vielleicht wollen Sie „Verzeihen" lernen. Um dies zu können, muss Ihnen zumindest ein Elternteil „Unrecht" antun. Sie leiden in Ihrer Kindheit tatsächlich und sind zum Beispiel auf Ihren Vater ziemlich sauer, weil Sie ihm nie etwas recht machen konnten – ganz im Gegenteil: Immer wieder hagelte es Schläge, statt Zuneigung. Sie lernen die Lektion nicht, wenn Sie Ihr berechtigtes Leid einfach so stehen lassen und Ihrem Vater ein Leben lang dafür „hassen". Sie lernen die Lektion, wenn Sie das Ganze hinterfragen und feststellen, dass Ihr Vater vielleicht kaum anders konnte, weil er quasi die gleiche Kindheit erfahren musste und nicht in der Lage war, seinen Erziehungsstil sinnvoll umzugestalten. Sie könnten Ihrem Vater mitteilen, wie Sie als Kind gelitten hatten, aber ihm trotzdem weiterhin lieben und ihn unterstützen, sich nun anders, harmonischer, zu geben.

Dann beginnt die Lernphase mit Beziehungspartnern.

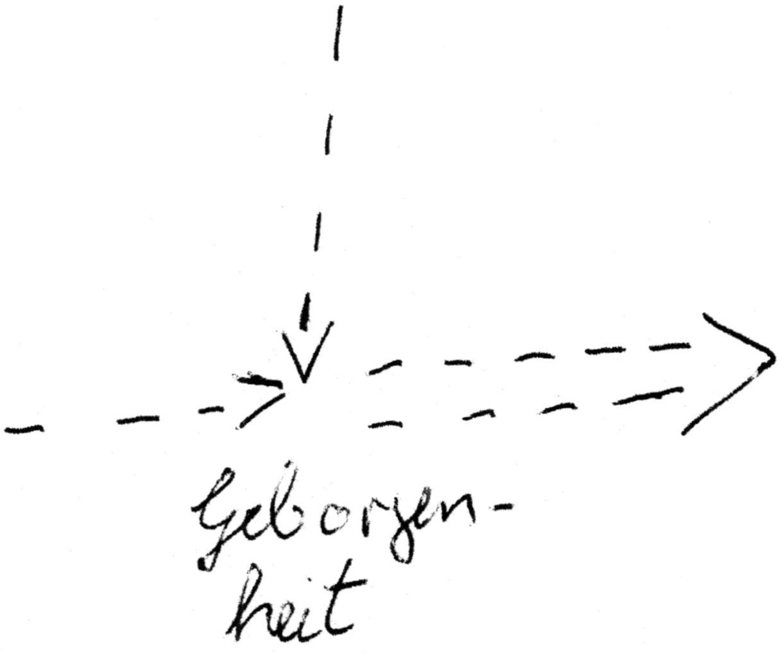

Jeder wünscht sind eine harmonische Beziehung und möchte „Geborgenheit" spüren. Aber, Sie erahnen es schon, wahrscheinlich sind Sie nicht der Glückliche, der lediglich die Lektion: „Glücklich und zufrieden in einer ausschließenden Zweierbeziehung" erlernen will. Wahrscheinlicher ist, dass Sie lernen wollen, mit Konflikten liebevoll umzugehen. Und Ihr Partner / Ihre Partnerin will das auch. Deshalb hatten Sie es bereits so in der EWIGKEIT beschlossen. Jeder von Ihnen bringt eine positive Eigenschaft in die Lernschule „Erdenleben" mit, die Sie sich gegenseitig vom Partner / von der Partnerin aneignen wollen, wollen sich Liebe und Geborgenheit geben – aber haben sich noch weitere Lektionen vorgenommen, mit dem Wissen, dass sie beide hierzu andere Lernpartner / andere Lernpartnerinnen benötigen werden.
Und so kommt es, wie es kommen muss – eines Tages treffen Sie Ihren neuen „Lernpartner" – oder Ihr Partner / Ihre Partnerin findet ihren neuen Lernpartner. Und lernen kann man am intensivsten, wenn die Lernumgebung innig und harmonisch ist. Somit wird die Beziehung zu der neuen Person höchstwahrscheinlich auch sehr innig werden – kurz: aufs „Erdenleben" bezogen auch mit Sex -> wenn Geist und Körper verschmelzen, werden die Lerneinheiten am besten übertragen. Ihr EGO, eigentlich Ihr Beschützer, allerdings nur mit Sichtmöglichkeit bezogen auf diese vergängliche Erdenwelt, funkt höchste Alarmstufe. **Spätestens jetzt ist es an der Zeit, <u>so zu tun</u>, als wüssten Sie ganz genau, dass Sie und Ihr Partner / Ihre Partnerin genau diese „schlimme" Situation, vorweg in der Ewigkeit genauso für sich beide vorbestimmt hatten, um optimal lernen zu können und weiterhin Liebe empfinden zu können! Diese knifflige Situation ist <u>nicht zufällig geschehen</u> – Sie trifft genauso ein, wie Sie es in der Ewigkeit vorherbestimmt hatten! Sie wollen loslassen, damit beide beim anderen seine nächsten Lektionen lernen können <u>und</u> Sie wollen beide festhalten, damit Sie Ihre Liebe zueinander nicht verlieren!**

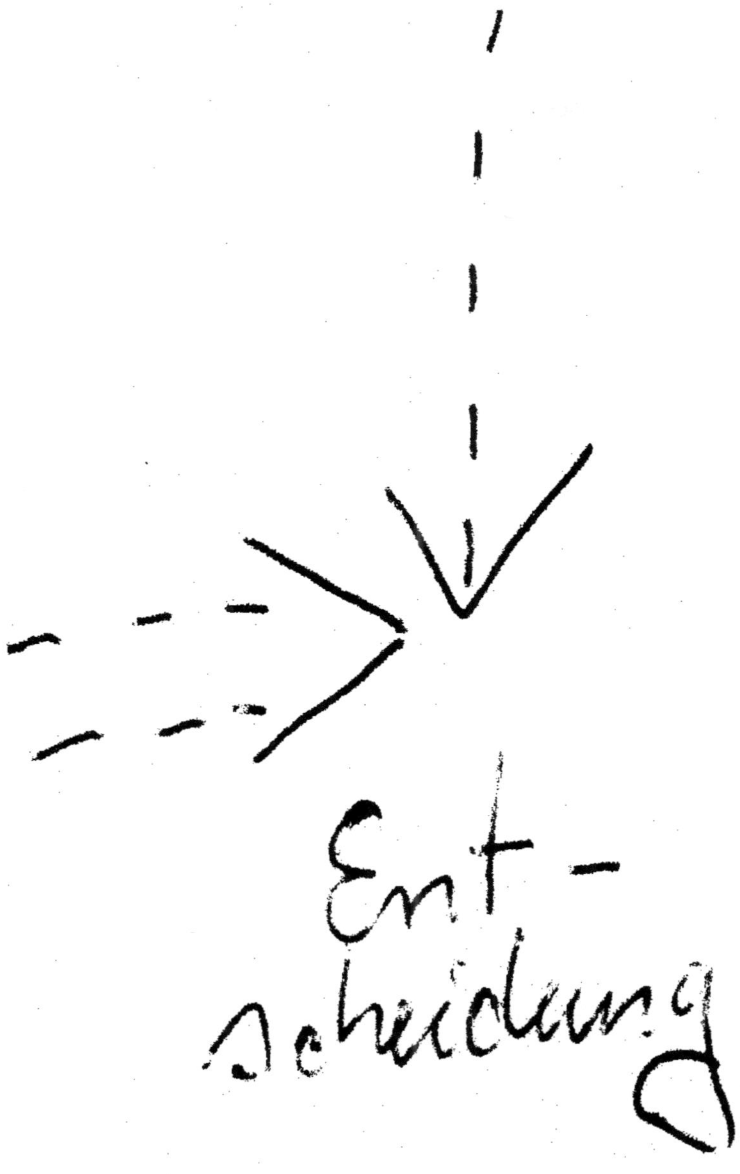
Ent-
scheidung

Im „Zuhause – Prinzip“ können Sie dies erlernen. Und Sie werden sehen: Die erste Zeit wird gewöhnungsbedürftig sein: Es wird zu Auseinandersetzungen kommen, zu Schuldzuweisungen, und es werden wahrscheinlich böse Worte fallen – aber haben Sie sich erst einmal an das Leben im „Zuhause – Prinzip“ gewöhnt, wird sich Ihre Liebe gigantisch ausweiten – auf Ihren aktuellen Partner / Ihre aktuelle Partnerin **und** auf alle so genannten „EX“ partner / innen. Wahre Liebe lässt nur mehr Liebe entstehen und zieht nicht ihre Liebe von einer Person ab, hin zu einer anderen. Wie kann man denn noch lieben, wenn man scheinbar von jemand anderen vorher „enttäuscht“ worden ist!? Wenn Sie Liebe von einem geliebten Menschen wegnehmen, dann können Sie **nie mehr** Liebe für einen anderen Menschen empfinden. Denn es hat sich Angst eingeschlichen, Angst, dass Ihnen die ganze Scheiße noch einmal passieren wird. Und „Schuld“ ist Ihr EGO! Obwohl es, wie schon gesagt, gar nicht schuldig ist – es kann gar nicht anders: Ihr EGO sieht nur diese vergängliche Welt! Wenn Sie verlassen werden, sieht es Ihren Schmerz und will Sie davor beschützen. Es sagt: Versuche Deinen Schmerz loszuwerden, indem Du diesen Menschen, der Dich verletzt hat, so schnell wie möglich vergisst – es ist ein böser Mensch – lerne einen neuen kennen, der Dir wahrscheinlich nicht weh tun wird! Aber genau das wollen Sie ja gerade – erkennen, dass Sie es sich in der Ewigkeit selbst gewünscht hatten, dass Ihr Partner / Ihre Partnerin noch einen anderen Menschen kennen- und lieben lernen soll, um weiter lernen zu können. Und damit Sie beide Ihre natürlich noch vorhandene Liebe erkennen, hatten Sie sich ebenfalls gegenseitig versprochen, trotzdem liebevoll in Verbindung zu bleiben! Loslassen und Festhalten, für die Liebe in Ewigkeit! Sagen Sie Ihrem EGO: „Hey, Kumpel, danke, dass Du mich beschützen möchtest, aber diese dritte Person soll in unser Leben treten – sieht für Dich, als erdgebundenes Beschützerwesen, wohl etwas gewöhnungsbedürftig aus – aber bezogen auf die Ewigkeit geht das voll in Ordnung. Wenn ich dich dann später mit in die Ewigkeit nehmen werde, wirst auch Du erkennen, dass alles gut ist, wie es ist!“

All dies wollen Sie, und genau so, auch ohne es zu wissen. Aber es reicht vollkommen aus, wenn Sie nur eins wollen, nämlich emotionale Intelligenz (siehe Kapitel „Intelligenz = Intelligenz?“):

Emotionale Intelligenz hat die- oder derjenige,

---

1. der weiß, dass ein rein rational trainiertes Gehirn nicht ausreicht, um gut durch das Leben zu kommen, sondern z.B. Ausdauer, Hoffnung und ein sich auf Erfahrungen stützendes positives Denken vorhanden sein muss
2. der weiß, dass sich z.B. Ausdauer, Hoffnung und ein sich auf Erfahrungen stützendes positives Denken am besten auf einer emotional stabilen Basis entwickeln kann
3. der weiß, dass im Glauben, den Traumprinzen / die Traumprinzessin zu finden, höchst wahrscheinlich keine emotional stabile Basis gefunden wird, sondern wahrscheinlich eher „Lebensabschnittspartner“. Und der dementsprechend diesen Versuch aufgibt und eine Alternativform der Beziehung wählt, in der sowohl / als auch geliebt wird, um somit eine emotional stabile Basis aufzubauen.

Welchen Weg Sie nun weitergehen werden, müssen Sie selbst entscheiden. Und diese beiden Zitate sollen Sie noch einmal zum Nachdenken anregen:

„Zur Einführung der männlichen Erfolge bedurfte es der Sicherstellung biologischer Vaterschaft. Die aber war nur gegeben, wenn Frauen einer sicheren Kontrolle unterstellt und ihnen die sexuelle Selbstbestimmung genommen wird.“[99]

99 Christa Mulak, Wurzeln weiblicher Macht, S 176/177, ?. Auflage, München 1996

Das heißt, die heutige Beziehungsform ist gar nicht „normal", sondern wurde vor hunderten von Jahren einfach aufdiktiert!!!

„Das EGO ist der Glaube an begrenzte Ressourcen, aber die Liebe ist unendlich und unerschöpflich. Wenn irgendeinem Teil eines Systems Liebe hinzugefügt wird, bedeutet das einen Zuwachs für alle Teile. Liebe lässt nur mehr Liebe entstehen."[100]

Probieren Sie es also aus. Überprüfen Sie, ob Sie nach anfänglichen nachvollziehbaren Ängsten (eigene und der Ihrer Beziehungspartner, wie Eifersucht, Angst vor dem allein sein, usw.), wirklich LIEBE für alle Ihre Beziehungspartner empfinden werden und somit die Ängste allmählich abgebaut werden.

Machen Sie das „Zuhause-Prinzip" zu Ihrem Projekt! Sollte es für Sie nicht umsetzbar sein, können Sie ja jederzeit zum herkömmlichen Beziehungsmodell zurückkehren oder finden eine ganz andere Beziehungsalternative.

Zum Abschluss möchte ich Ihnen noch eine kleine Geschichte erzählen:

Jens und Frank gingen in einen Obstgarten, sie brauchten dringend leckere Früchte. Im Garten gab es einen Apel- und einen Birnenbaum. Jens mochte lieber Äpfel und suchte den Apfelbaum auf, Franks Vorliebe galt den Birnen, entsprechend ging er zum Birnenbaum.

---

100 Marianne Williamson, Rückehr zur Liebe, S. 160, 1. Auflage, München 1993

Jens sprach höflich zum Apfelbaum: „Ich möchte von Dir kosten, darf ich von Dir einen Apfel pflücken?“ Der Baum erwiderte: „Ich brauche dringend Pflege, wenn du mich pflegst, dann kannst du von mir auch meine Früchte pflücken.“ Jens war einverstanden, und von da an pflegte Jens jeden Tag den Baum und aß Äpfel. Und beide waren glücklich. Und bei Frank war es genauso. Auch er und der Birnenbaum waren fortan ebenfalls sehr glücklich.

Nach einer Woche etwa ertappte sich Jens selbst, wie er immer wieder zum Birnenbaum schielte. Er bemerkte, dass er jeden weiteren Tag nachlässiger wurde, „seinen“ Baum zu pflegen. Er dachte bei sich: „Ich verstehe das nicht. Ich liebe Äpfel und trotzdem schaue ich immer wieder zum Birnenbaum. Wenn ich doch nur einmal eine Birne essen dürfte.“ Einen Tag später gestand er dem Apfelbaum: „Ich liebe deine Äpfel, aber ich würde liebend gern auch einmal eine Birne probieren.“ Der Apfelbaum wirkte sehr empört: „ Ich habe mich schon gewundert, warum du in der Pflege nachgelassen hast. Vor ein paar Tagen hast du meinen Stamm immer noch gestreichelt, jetzt erledigst du nur noch die Grundarbeiten. Der Birnenbaum hat es dir also angetan – dann geh doch zum Birnenbaum und lass mich in Ruhe!“ „Aber ich liebe doch deine Äpfel, ich will doch nur…“ Der Apfelbaum ließ Jens nicht aussprechen, „Ich sagte, dann geh doch!“ und verweigerte sich ihm fortan.

Jens verließ traurig „seinen“ Baum. Zögernd ging er zu Frank, der gerade dabei war, die Erde des Birnenbaums zu haken. „Ich habe dem Apfelbaum gerade gesagt, dass ich seine Äpfel liebe, aber auch `mal eine Birne essen möchte“, sagte Jens mit leiser Stimme, „darauf hin hat mich der Apfelbaum verjagt. Darf ich vielleicht eine einzige Birne essen, ich werde deinen Baum anschließend auch gießen!?“ fragte Jens ängstlich. „Das ist mein Baum, von dem esse nur ich“ fauchte Frank zurück. „Ich möchte nur von Frank gepflegt werden", ergänzte der Birnenbaum. Traurig verließ Jens auch den Birnenbaum.

Ein paar Tage später merkte auch Frank, dass er nicht nur ausschließlich Birnen essen möchte. „Hin- und wieder einen Apfel essen, wäre nicht schlecht, ich würde auch den Apfelbaum pflegen", dachte nun Frank bei sich. Aber von Jens wusste er ja, wie Bäume auf diese „Ideen" reagieren würden. Deshalb unternahm er erst einmal ein zeitlang lieber nichts.

Nach weiteren zwei Tagen versuchte er sich heimlich dem Apfelbaum zu nähern, weil er mittlerweile einen richtigen Heißhunger auf Äpfel verspürte. Der Apfelbaum ließ ihn etwas zögernd gewähren, weil er wieder dringend Pflege bedurfte. Aber eines Tages hatte der Birnenbaum das „Fremdgehen" doch bemerkt. „Verschwinde!" rief er laut empört aus, „ich war glücklich mit dir, weil ich dachte, du wärst mir treu – aber mit Nichten, betrogen hast du mich. Lass dich nie wieder hier blicken!" Als das der Apfelbaum mitkriegte, wollte er auch nicht den Lückenbüßer darstellen: „Zu mir brauchste auch nicht mehr zu kommen!"

Nun waren sowohl Frank als auch Jens traurig und allein. Aber den Bäumen ging es ja nicht besser, weil sie ja nun beide keine Pflege mehr bekamen. Der Stolz der Bäume war schnell gebrochen, ihre Pflege musste ja schließlich irgendwann wieder gewährleistet sein und dummerweise war außer Jens und Frank weit und breit kein anderer in Sichtweite. Also erlaubte nun der Birnenbaum Jens von ihm zu essen und der Apfelbaum rief Frank zu sich. Die Bäume machten wohl noch etwas auf beleidigt, aber schließlich waren sie wieder alle glücklich.

Aber Sie können es sicherlich erahnen – eine Woche später merkten Jens und Frank beinahe gleichzeitig, dass sie, ständig nur Birnen bzw. Äpfel zu essen, nicht befriedigt und wollten wieder zu ihren ursprünglichen Bäumen wechseln. Als das die Bäume mitbekamen (mittlerweile erkannten sie sofort, wenn irgendetwas nicht stimmte), hatten sie es satt und schrieen im kreischenden Ton: „Ihr habt nun beide Früchte ausprobiert, welcher Sorte wollt ihr denn nun endlich treu sein!?" Jens antwortete, stellvertretend auch für Frank: „Wir kommen weder mit Äpfeln allein aus, noch ausschließlich mit Birnen. Wir lieben euch beide." Frank ergänzte: „ Ich zum Beispiel mag sehr gern Birnen, aber Äpfel liebe ich, ehrlich gesagt, auch." Und Jens sagte: „ Ich esse mein Leben gern Äpfel, aber Birnen sind ebenfalls verdammt lecker."

Die Bäume berieten sich, bis der Apfelbaum ausrief: „Also, Leute – ich und auch der Birnenbaum, wir sind erst einmal verdammt sauer!" Jens und Frank schluckten. Der Apfelbaum weiter: „ Ich muss allerdings zugeben, dass ich es herrlich finde, wenn Jens meinen Stamm streichelt. Aber wenn ich auf Franks liebevolle Haken verzichten müsste, wäre ich, ehrlich gesagt, ein wenig traurig." Der Birnenbaum gab ebenfalls zu, dass er sowohl Frank als auch Jens sehr gern hatte. Mutig entschieden sich alle dafür, dass sie jede Woche abwechseln wollten. Jeder konnte so dann den anderen genießen, und keiner brauchte Angst zu haben, dass er etwas verlieren würde, wenn er losließ. Denn er musste ja höchstens eine Woche lang warten.

Ende der Gesichte und auch Ende dieses Buches.

Literaturverzeichnis:

Alberoni Francesco: Liebe, ?. Auflage, München 1996

Capra, Fitjof: Das Tao der Physik, ?. Auflage, München 1997

Dethlefsen, Thorwald / Dahlke Rüdiger: Krankheit als Weg, ?. Auflage, München 1990

Ellis, Albert: Grundlagen und Methoden der Ratio. Emotiven Verh.therapie, ?. Auflage, München 1997

Ellis, Albert: Training der Gefühle, ?. Auflage, Landsberg am Lech 1996

Freud, Siegmund: Drei Abhandlungen zur Sexualtheorie, 5. Auflage, Frankfurt/Main 1998

Fromm, Erich: Haben oder Sein, 24. Auflage, München 1995

Fromm, Erich: Die Kunst des Liebens, 49. Auflage, Frankfurt/ Main – Berlin 1995

Goleman, Daniel: Emotionale Intelligenz, 9. Auflage, München 1997

Hesse, Hermann: Der Steppenwolf, 1. Auflage, Franfurt/Main 1997

Jellouschek, Hans: Die Rolle der Geliebten in der Dreiecksbeziehung, 10. Auflage, Zürich 1995

Jung, C.G.: Wirklichkeit der Seele, 4. Auflage, München 1997

Keyes, Ken: Das Handbuch zum Glücklichsein, ?. Auflage, München 1998

Lauster, Peter: Wege der Gelassenheit, 4. Auflage, Düsseldorf und Wien

Lauster, Peter: Die Liebe, ?. Auflage, Düsseldorf und Wien 1999

Lazarus, Arnold: Innenbilder, 2. Auflage, München 1993

Mello, Anthony de: Wie ein Fisch im Wasser, ?. Auflage, Freiburg im Breisgau 1996

Meyer, Hermann: Die Gesetze des Schicksals, ?. Auflage, Basel 1992

Moeller, Michael Lukas: Die Liebe ist das Kind der Freiheit, ?. Auflage, reinbeck bei Hamburg 1999

Mohl, Alexa: Der Zauberlehrling (NLP), 6. Auflage, Paderborn 1997

Mulack, Christa: Die Wurzeln weiblicher Macht, ?. Auflage, München 1996

Needlerman, Jacob: das kleine Buch der großen Liebe, ?. Auflage, Frankfurt/Main 2000

Norwood, Robin: Wenn Frauen zu sehr lieben. ?. Auflage, Reinbeck bei Hamburg 1995

Peck, M. Scott: Der wunderbare Weg, ?. Auflage, München 1989

Redfield, James: Das Buch von Celestine und das Handbuch zu den neun Erkenntnissen, 2. Auflage, München 2000

Riemann, Fritz: Grundformen der Angst, ?. Auflage, München; Basel 1996

Rosenkreuzer, Geheimgesellschaft / Mysterienschule: Informationsbriefe, ?. Auflage, Ort und Datum unbekannt

Schilling, Johannes: Didaktik/Methodik der Sozialpädagogik, 2. Auflage, Berlin 1995

Schmid, Wilhelm: Philosophie der Lebenskunst, 3. Auflage, Frankfurt/Main 1999

Schulz von Thun, Friedemann: Miteinander reden 1 und 2, ?. Auflage, Reinbeck bei Hamburg 1997/ 1998

Stone, Hal und Sidra: Du bist viele, 3. Auflage, München 1997

Unbekannt: Ein Kurs in Wundern, 1. Auflage, Gutach i. Br. 1994

Williamson, Marianne: Rückkehr zur Liebe, 1. Auflage, München 1993

Zeitschriften: Der Spiegel Nr. 10, 10 /2000

Focus Nr. 49, 6.Dezember 1993